Reichsgerichts-Entscheidungen

in kurzen Auszügen

Herausgegeben vom

Deutschen Richterbund

Strafsachen — Band 64

1931

München, Berlin und Leipzig

J. Schweitzer Verlag (Arthur Sellier).

Printed in Germany

Druck von Dr. F. P. Datterer & Cie., Freising-München

Von dieser Sammlung erschienen folgende Bändchen:

I. Zivilsachen:	Bd.	76—100	. . .	je RM.	0.80
	„	101—120	. . .	je RM.	1.—
	„	121—126	. . .	je RM.	2.—
Serien:	„	76—129	mit Reg. 83—119	zus. RM.	53.—
	„	81—129	mit Reg. 83—119	zus. RM.	50.—
	„	91—129	mit Reg. 83—119	zus. RM.	43.—
	„	101—128		zus. RM.	36.—
Gesamtregister zu	Bd.	83—119	. . . .	RM.	6.—
II. Strafsachen:	Bd.	45—55	. . .	je RM.	0.80
	„	56—60	. . .	je RM.	1.—
	„	61—63	. . .	je RM.	2.—
Serie:	„	45—63	mit		
Gesamtregister zu	Band	45—60	. . .	zus. RM.	20.—
Gesamtregister zu	Band	45—60	. . . .	RM.	3.70

Jedes Bändchen entspricht einem Bande der amtlichen Sammlung.

1. Ausspielung. Entgelt. Versteckter Einsatz. (StGB. §286.) Der Besitzer eines Kabaretts gab in der Zeitung bekannt, daß ohne Erhöhung des Eintrittspreises unter den Gästen ein Abendkleid verlost werde. Das Landgericht sprach ihn von der Anklage unerlaubter Ausspielung frei; das Reichsgericht hob das Urteil auf. Entscheidend war, ob zwischen dem Angeklagten und seinen Gästen ein entgeltlicher Vertrag über die Verlosung des Kleides abgeschlossen wurde. Der Angeklagte veranstaltete die Verlosung, um dadurch seinen Kundenkreis zu vergrößern; wenn er den Eintritt trotz der erwarteten größeren Besucherzahl in der bisherigen Höhe aufrechterhielt, war er sich bewußt, daß er damit nicht bloß den Eintritt, sondern auch die Kosten der Ausspielung sich bezahlen lasse. Demgemäß war die Veranstaltung eine entgeltliche Verlosung. (III, 10. Februar 1930.)

Amtl. Sammlg. S. 1—2.

2. Amtlich anvertraute Urkunde. (StGB. §§ 133, 348.) Einem Beamten des Amtsgerichts, der als Vormund bestellt war, wurden zur Erstattung eines Berichts über die Vermögenslage des Mündels auf Anordnung des Vormundschaftsrichters die Vormundschaftsakten übergeben. Er nahm sie mit nach Hause und hielt sie dort fast zwei Jahre lang versteckt. Gegen seine Verurteilung wendete er ein, daß ihm die Akten nicht amtlich anvertraut worden seien. Seine Revision wurde verworfen. Amtlich anvertraut ist eine Urkunde, wenn die auf amtlicher Anordnung beruhende Herstellung der Verfügungsmacht über sie ihren Grund in dem Beamtenverhältnis des Betrauten, in dem besonderen Vertrauensverhältnis hat, das ihn verpflichtet, für die Erhaltung der Existenz, der Gebrauchsfähigkeit und der inhaltlichen Richtigkeit der Urkunde zu sorgen. Diese Voraussetzungen waren erfüllt. Als Urkunde ist auch ein Aktenstück anzusehen. Die Akten waren dem Angeklagten nicht deshalb überlassen worden, weil er Vormund in der Sache war, sondern deshalb, weil man ihm als einem beim Amtsgericht angestellten Beamten das Vertrauen schenkte, daß er die Akten sorgfältig behandeln und ordnungsgemäß wieder abliefern würde. Ein nicht beim Amtsgericht angestellter Vormund würde die Akten nicht erhalten haben. Daß die Übergabe der Akten an den Angeklagten den Zweck verfolgte, ihn zur Erstattung eines Berichts, der ihm als Vormund, also in einer nichtamtlichen Eigenschaft, oblag, instand zu setzen, machte nichts aus; die ausnahmsweise erfolgte Überlassung der Akten hatte ihren Grund nicht in der Eigenschaft des Angeklagten als Vormund, sondern allein in seiner amtlichen Stellung. Der in dem amtlichen Vertrauensverhältnis beruhende Grund machte die Herstellung der Verfügungsmacht über die Urkunde zu einem Anvertrauen; auf den Zweck, der damit verfolgt wurde, kam es nicht entscheidend an. (III, 13. Februar 1930.)

Amtl. Sammlg. S. 2—5.

Vgl. Bd. 1 S. 162.

3. **Hehlerei. Beweisregel. Urteilsbegründung.** (StGB. § 259; StPO. § 267.) Die Worte „den Umständen nach annehmen muß" enthalten eine gesetzliche Beweisregel; wer den Umständen nach annehmen mußte, daß eine Sache mittels einer strafbaren Handlung erlangt war, soll so behandelt werden, als sei ihm tatsächlich nachgewiesen, daß er zur Zeit der Begehung der Tat von der strafbaren Herkunft der Sache überzeugt gewesen sei. Die Umstände sind gesetzliche Tatbestandsmerkmale und müssen darum in den Urteilsgründen angegeben werden. Der Natur der Sache nach kann es sich dabei nur um solche Umstände handeln, die von außen her auf die Überzeugung des Täters einwirkten; seine eigenen Handlungen scheiden aus. Um so weniger sind Umstände verwertbar, die erst nach der Tat liegen, also die Überzeugung des Täters zur Zeit der Begehung nicht beeinflußt haben können. Dagegen ist es zulässig, das spätere Verhalten des Täters als Beweisanzeichen dafür zu verwenden, daß bestimmte, im Urteil bezeichnete Umstände auf die Überzeugung des Täters eingewirkt haben. (III, 17. Februar 1930.)

Amtl. Sammlg. S. 4—5.

Vgl. Bd. 55 S. 204.

4. **Besetzung des Gerichts.** (GVG. § 66.) Die Stelle eines Landgerichtspräsidenten blieb vom 1. Dezember 1927 bis zum 1. November 1929 unbesetzt. Als Vertreter des Landgerichtspräsidenten ernannte der Direktor des Landgerichts für eine Tagung des Schwurgerichts die richterlichen Beisitzer und loste die Geschworenen aus. Die hierauf gestützte Revision hatte keinen Erfolg. Beim Ausscheiden eines Vorsitzenden infolge seines Übertritts in den Ruhestand kann von einer Verhinderung gesprochen werden, die eine Vertretung in Frage kommen läßt. Verzögert sich in einem solchen Fall die Wiederbesetzung der Stelle, so ist den Gründen nachzugehen. Die Zulässigkeit einer Vertretung ist nur dann zu verneinen, wenn mit der Verzögerung eine Umgehung der Vorschriften des Gerichtsverfassungsgesetzes über die Besetzung der Gerichte beabsichtigt ist. Je länger die Wiederbesetzung einer Stelle sich verzögert, desto gewichtiger

müssen die hiefür maßgebenden Gründe sein, um die Annahme auszuschließen, daß mit der Unterlassung der Besetzung die Schaffung eines ungesetzlichen Dauerzustandes beabsichtigt werde. Im vorliegenden Fall war damit gerechnet worden, daß das Gutachten des Reichssparkommissars sich für die Aufhebung des Landgerichts aussprach; die Hinausschiebung der Besetzung der Stelle des Präsidenten war also als vorübergehende Maßnahme gedacht, die in Wegfall kam, sobald die Erhaltung des Landgerichts feststand. Demnach verstieß die Vertretung des Landgerichtspräsidenten durch den Direktor nicht gegen das Gesetz. Die bloße Möglichkeit, daß in ungewisser Zukunft eine Änderung der Gerichtsorganisation die Aufhebung des Landgerichts zur Folge haben konnte, hätte die Nichtbesetzung der Stelle des Präsidenten nicht gerechtfertigt. (I, 18. Februar 1930.)

Amtl. Sammlg. S. 6—9.

Vgl. Bd. 62 S. 273.

5. Beleidigung. Üble Nachrede. Wahrheitsbeweis. Wahrnehmung berechtigter Interessen. Notstand. Interessenkollision. (StGB. §§ 185, 186, 192, 193.) In einer Zeitung wurde ausgeführt, daß die Dividende einer Aktiengesellschaft, die eine Straßenbahn betrieb, zum großen Teil aus einem Nepp des wehrlosen Publikums herrühre, dem man mit gänzlich ungerechtfertigten Tarifen das Geld aus der Tasche locke; die Hauptverbindung zwischen Bahnhof und Stadt werde zu einer gemeinen Erpressung ausgenützt; dem fahrenden Publikum würde das Geld aus der Tasche gestohlen. Der verantwortliche Redakteur der Zeitung wurde wegen Beleidigung nach § 185 StGB. verurteilt. Seine Revision wurde verworfen. Im schöffengerichtlichen Urteil war ausgeführt, da nur einfache Beleidigung nach § 185 StGB. vorliege, komme es auf den vom Angeklagten angebotenen Wahrheitsbeweis nicht an. Diese Auffassung erklärte das Reichsgericht für bedenklich. Auch in den Fällen des § 185 StGB. ist die Führung des Wahrheitsbeweises grundsätzlich nicht ausgeschlossen, da sie zum mindesten für die Strafzumessung von Bedeutung sein kann; im vorliegenden Fall war aber das Verfahren auch aus § 186 StGB. eröffnet. Gegenüber einer Klage aus § 186 StGB. kann der angebotene Wahrheitsbeweis in der Regel nicht lediglich aus dem Grunde abgelehnt werden, weil, selbst wenn der Beweis erbracht werden könnte, doch eine Bestrafung aus § 185 StGB. eintreten müßte. Das Berufungsgericht hatte selbständig geprüft, ob der Tatbestand des § 186 oder jener des § 185 vorliege und war dabei von dem richtigen Grundsatz ausgegangen, daß es darauf ankomme, ob bestimmte ehrenrührige Tatsachen behauptet oder ob nur ein allgemein abfälliges Werturteil ausgesprochen worden war. Die Grenze ist flüssig und daher in weitem Umfang Sache tatsächlicher Auslegung; rechtsirrig ist es aber, wenn ein abfälliges Werturteil, das zu bestimmten ehrenrührigen Tatsachen, oder eine Behauptung ehrenrühriger innerer Tatsachen (Beweggründe, Zwecke), die zu bestimmten äußeren Geschehnissen in erkennbare Beziehung gesetzt sind, von der Anwendung des § 186 ausgeschlossen würden. Die Annahme des Berufungsgerichts, daß in der Kundgebung des Angeklagten nur ein allgemeines Werturteil über die Leiter der Aktiengesellschaft zu erblicken sei, wurde als nicht rechtsirrig anerkannt. Dieses Werturteil fußte allerdings auf der Tatsache, daß die Leiter der Aktiengesellschaft Tarifsätze vorgeschlagen oder gebilligt hatten, die von einem Teil der Bevölkerung als übermäßig und deshalb ungerechtfertigt erachtet wurden; durch diese Behauptung wurde aber die Ehre der angegriffenen Direktoren noch in keiner Weise berührt. Über die Frage, ob ein Tarif berechtigt oder unberechtigt ist, pflegen die Meinungen auch unter sittlich hochstehenden und sozial denkenden Menschen weit auseinanderzugehen; die bloße Aufstellung der Behauptung, daß ein Tarifsatz nicht gerechtfertigt sei, kann wohl kaum je als Grundlage für eine Anklage wegen Beleidigung dienen. Auch die weiteren Ausführungen, durch welche der Tarif als Nepp, als Diebstahl und als gemeine Erpressung am Publikum bezeichnet wurde, enthielten nur allgemeine Werturteile, nicht die Behauptung einer bestimmten ehrenrührigen äußeren oder inneren Tatsache, über die ein Wahrheitsbeweis erhoben werden könnte. Der Angeklagte hatte nicht etwa das Vorliegen eines Verhaltens behaupten wollen, das die Tatbestandsmerkmale des Betrugs, des Diebstahls oder der Erpressung im strafrechtlichen Sinn enthielt, sondern nur ein Verhalten, das diesen Vergehen moralisch gleichzustellen sei; es fehlte aber an jeder näheren Kennzeichnung, welche äußeren oder inneren Tatsachen die Grundlage für diese Gleichstellung bilden sollten. Die Annahme einer einfachen Beleidigung nach § 185 StGB. war also nicht zu beanstanden. Der Schutz des § 193 StGB. wurde dem Angeklagten zugebilligt. Er durfte über die gewerblichen Leistungen der Aktiengesellschaft und ihrer Leiter, also auch über die Tarifpolitik, ein tadelndes Urteil abgeben, auch wenn die verantwortlichen Personen sich dadurch gekränkt fühlen konnten; auch wurde angenommen, daß der Angeklagte als Bürger der Stadt und als Benutzer der Straßenbahn die Äußerung an sich zur Wahrnehmung berechtigter Interessen getan hatte. Daß hiebei der Gesichtspunkt des Notstandes im weiteren Sinne (der Interessenkollision) zugrunde gelegt wurde, entsprach der neueren Rechtsprechung des Reichsgerichts. Der Angeklagte wäre von diesem Gesichtspunkt aus nicht gehindert gewesen, ihm bekannt gewordene äußere oder innere Tatsachen, welche die Tarifpolitik als wirtschaftlich, sozial oder sittlich verwerflich hätten erscheinen lassen, nach pflichtgemäßer Prüfung zu erwähnen und zu erörtern; er zog es aber vor, statt dessen ein nicht weiter begründetes allgemeines beschimpfendes Werturteil zu fällen. Daraus war auf die Absicht der Beleidigung zu schließen. (I, 18. Februar 1930.) Amtl. Sammlg. S. 10—14. Vgl. Bd. 1 S. 52, 260; Bd. 29 S. 40; Bd. 55 S. 129; Bd. 62 S. 83; Bd. 63 S. 202.

6. Rechtsmittelverzicht. Anfechtung. Irrtum. (StPO. § 302; BGB. § 119.) Nach Verkündung des Urteils fragte der Vorsitzende des Schöffengerichts die Angeklagte, ob sie sich dem Urteil unterwerfen wolle; sie bejahte die Frage. Ihre Berufung wurde mit Rücksicht auf diese Verzichtserklärung verworfen. In der Revision behauptete sie, den Sinn der Frage nicht verstanden zu haben und bei der Abgabe der Erklärung in einem Zustand gewesen zu sein, in dem sie sich des Begriffs, was ein Rechtsmittel überhaupt sei, nicht habe bewußt werden können. Die Revision hatte keinen Erfolg. Das Landgericht hatte auf Grund der Berufungsverhandlung, in der die Angeklagte selbst gehört und auf Antrag des Verteidigers ein medizinischer Sachverständiger vernommen wurde, die Feststellung getroffen, daß die Angeklagte bei der Erklärung des Verzichts weder geschäftsunfähig noch verhandlungsunfähig gewesen sei. Die Frage, ob ein Angeklagter in einer Verhandlung in der Lage ist, seine Rechte wahrzunehmen, kann nur nach einheitlichen Gesichtspunkten beantwortet werden. War die Angeklagte verhandlungsfähig, so mußten ihre sämtlichen Erklärungen für rechtswirksam erachtet werden. Hatte sie hiernach rechtswirksam auf Berufung verzichtet, so konnte dieser Verzicht weder widerrufen noch wegen Irrtums angefochten werden. (I, 18. Februar 1930.)
Amtl. Sammlg. S. 14—15.

7. Besatzungsgericht. Anzuwendendes Strafrecht. (StGB. § 2.) Vor einem belgischen Kriegsgericht im Besatzungsgebiet

verletzte eine Zeugin den vor ihrer Vernehmung geleisteten Eid wissentlich durch ein falsches Zeugnis. Das Schwurgericht sprach sie frei mit der Begründung, daß der im gegebenen Fall geleistete Meineid nach belgischem Recht nicht strafbar sei. Hierauf kam es aber nicht an. Ist eine Straftat im Inland begangen, so haben die deutschen Gerichte lediglich das inländische Strafrecht auf sie anzuwenden. (III, 20. Februar 1930.)
Amtl. Sammlg. S. 15—16.

8. **Erpressung. Drohung.** (StGB. § 253.) Von der Anklage wegen Erpressung wurde freigesprochen mit der Begründung, der Wille des Angeklagten sei nicht gewesen, den Zeugen durch die ihm gegenüber ausgesprochene Drohung in seiner Entschließung unfrei zu machen; er habe ihn vielmehr nur durch eigenes Nachdenken über seine Lage zu der selbst gewonnenen Ansicht kommen lassen wollen, daß er im eigenen Interesse als kluger Mann zweckmäßig auf den ihm gemachten Vorschlag eingehe. Das Reichsgericht hob das Urteil auf. Jede Bedrohung läßt dem Bedrohten die Wahl, ob er sich ihr fügen will oder nicht. Rechtlich macht es keinen Unterschied, ob er zu einem Entschluß hierüber sofort oder erst nach einer mehr oder minder reiflichen Überlegung kommt. (III, 20. Februar 1930.)
Amtl. Sammlg. S. 16—17.

9. **Blankettfälschung. Urkunde. Untreue. Berufungsbeschränkung. Tateinheit. Fortsetzungszusammenhang.** (StGB. §§ 73, 266, 267, 268, 269.) Nach der Satzung einer Sparkasse wurde bei der ersten Einzahlung ein Sparkassenbuch ausgestellt, dessen Titelblatt mit dem Namen des Gläubigers zu versehen sowie von einem Vorstandsmitglied und dem Rendanten zu unterschreiben war; die Einzahlungen und Rückzahlungen waren nur von dem Rendanten zu unterschreiben. Zur Erleichterung des Geschäftsverkehrs unterschrieb ein Vorstandsmitglied eine Anzahl von Sparkassenbüchern im voraus. Der Rendant füllte solche Bücher in der Weise aus, daß er auf den Titelblättern die Namen von Personen eintrug, die keine Einzahlungen geleistet hatten, dann die Titelblätter unterschrieb und in den Büchern beliebige Summen als angebliche Einlagen vortrug. Die Bücher verkaufte er an Personen, die er in den Glauben versetzt hatte, die Einlagen seien ordnungsgemäß geleistet worden; er handelte dabei in der Absicht, der Kasse Vermögensvorteile zu verschaffen. Das Berufungsgericht verurteilte ihn wegen Urkundenfälschung in Tateinheit mit Untreue. Das

Reichsgericht verwies die Sache zurück. Der Tatbestand der Urkundenfälschung war nachgewiesen. Der Angeklagte hatte den Titelblättern der Sparkassenbücher, also Papieren, die mit der Unterschrift eines anderen versehen waren, dadurch einen urkundlichen Inhalt gegeben, daß er sie mit dem Namen des Gläubigers und der angeblichen Einnahmesumme ausfüllte. Das hatte er ohne Wissen und Willen des Vorstandsmitglieds getan, das seine Unterschrift im Vertrauen darauf geleistet hatte, daß der Angeklagte von den Büchern nur satzungsmäßig Gebrauch machen werde. Der Umstand, daß der Angeklagte neben dem Vorstandsmitglied das Titelblatt zu unterzeichnen hatte, war für die rechtliche Beurteilung belanglos. Nachdem der Angeklagte die Bücher in dieser Weise ausgefüllt hatte, stellten sie beweiserhebliche Privaturkunden dar. Der Angeklagte machte von ihnen zum Zwecke der Täuschung Gebrauch, indem er die Bücher an Personen verkaufte, die er in den Glauben versetzt hatte, die Bücher seien ordnungsmäßig ausgestellt. Da er der Sparkasse Vermögensvorteile verschaffen wollte, lag schwere Urkundenfälschung vor; hieran änderte auch der Umstand nichts, daß etwa die Kasse den getäuschten Personen gegenüber für das Handeln des Angeklagten einzustehen hatte. Der Tatbestand der Untreue war dagegen nicht dargetan; es war nicht ersichtlich, über welche Vermögensstücke der Sparkasse der Angeklagte absichtlich zu deren Nachteil verfügt haben sollte. Sparbücher sind nur bevorzugte Beweisurkunden, keine Wertpapiere. Auch wenn die Käufer der gefälschten Bücher einen irgendwie begründeten vertraglichen Anspruch gegenüber der Sparkasse erworben haben sollten, konnte die Begründung eines solchen Anspruchs nicht für sich allein, sondern höchstens im Zusammenhang mit der Erfüllung als Verfügung über ein Vermögensstück angesehen werden; das kam aber nicht in Frage, weil die Käufer der Bücher nicht vom Angeklagten, sondern nachträglich von der Kasse zufriedengestellt wurden. Soweit neben der Urkundenfälschung eine Untreue einherging (durch satzungswidrige Kreditgewährung usw.), war Tateinheit nicht gegeben. Eine solche setzt voraus, daß sich mehrere Tatbestände wenigstens in einem Punkte decken, daß also eine und dieselbe Tätigkeit zur Verwirklichung sowohl des einen wie des anderen Tatbestandes beigetragen hat. Auch Fortsetzungszusammenhang lag nicht vor; unter diesem versteht man die stückweise Verwirklichung eines einheitlichen Vorsatzes, wobei sämtliche Einzelhandlungen den Tatbestand der nämlichen Straftat enthalten. In einem solchen

Verhältnis konnten die einzelnen Urkundenfälschungen und die einzelnen Untreuehandlungen je unter sich stehen, nicht aber die Straftaten der einen Art zu denen der anderen. So hatte auch das Schöffengericht zwei selbständige, je fortgesetzt verübte Handlungen angenommen. Hiegegen hatten der Angeklagte und die Staatsanwaltschaft unbeschränkt Berufung eingelegt. Vor Beginn der Berufungsverhandlung hatte der Angeklagte die Berufung hinsichtlich der Untreue auf das Strafmaß beschränkt. Der Staatsanwalt hatte am Schluß der Verhandlung beantragt zu prüfen, ob nicht eine höhere Strafe angemessen sei; darin lag eine Beschränkung der Berufung sowohl hinsichtlich der Urkundenfälschung als auch hinsichtlich der Untreue. Das hatte zur Folge, daß der schöffengerichtliche Schuldausspruch hinsichtlich der Untreue rechtskräftig wurde und nicht mehr der Entscheidung des Berufungsgerichts unterlag. Da die Strafkammer irrigerweise Tateinheit angenommen hatte, wurde der Schuldausspruch abgeändert und der Strafausspruch aufgehoben; zur neuen Straffestsetzung wurde die Sache zurückverwiesen. (III, 17. Februar 1930.) Amtl. Sammlg. S. 17—21. Vgl. Bd. 42 S. 30; Bd. 51 S. 305; Bd. 52 S. 342; Bd. 61 S. 1, 126; Bd. 62 S. 126, 130; Bd. 63 S. 39.

10. Hehlerei. Beihilfe. (StGB. §§ 49, 259.) Der Lehrling eines Handelsgeschäfts kaufte für dieses gestohlene Sachen an. Seine Verurteilung wegen Hehlerei wurde vom Reichsgericht nicht bestätigt. Auch wenn der Angeklagte nach Weisung seines Geschäftsherrn handelte und demgemäß die Sachen unmittelbar in dessen Verfügungsgewalt brachte, lag nur Beihilfe zur Hehlerei vor. Das gleiche traf zu, wenn der Angeklagte die Sachen ohne Kenntnis seines Geschäftsherrn für diesen erwarb und dieser den Erwerb nachträglich billigte; die Beihilfe kann auch in einer vorbereitenden Unterstützung bestehen. Denkbar war allerdings eine Hehlerei des Angeklagten in der Weise, daß er zum Absatz der Waren an seinen Geschäftsherrn mitwirkte; hiezu gehörte der Vorsatz, durch die Einkäufe für den Geschäftsherrn zugleich im Zusammenwirken mit den Dieben deren Bestrebungen zu fördern. Eine eigene Hehlerei des Angeklagten konnte auch dann vorliegen, wenn er verantwortlicher, am Gewinn beteiligter Leiter des Geschäfts war; seine Eigenschaft als Lehrling stand dem nicht entgegen und auch auf die bürgerlichrechtliche Gestaltung seines Verhältnisses zum Geschäftsinhaber kam es dabei nicht an. Die Annahme einer Beihilfe zur Hehlerei des Geschäftsherrn wurde endlich auch dadurch nicht ausgeschlossen, daß dieser außer Verfolgung gesetzt war. (III, 20. Februar 1930.) Amtl. Sammlg. S. 21—23.

Vgl. Bd. 55 S. 220; Bd. 56 S. 335; Bd. 57 S. 73.

11. **Anstiftung zur Beleidigung. Mittelbare Täterschaft. Wahrnehmung berechtigter Interessen.** (StGB. §§ 48, 185, 186, 193.) M. stellte in einem Brief an R. eine ehrenrührige Behauptung über B. auf und ersuchte R., diesen Brief in einer Sitzung des Kreistages vorzulesen. R. kam dem Ersuchen nach. M. wurde wegen Anstiftung zur Beleidigung verurteilt. Das Reichsgericht verwies die Sache zurück. Wenn angenommen wurde, daß das Verhalten des R. den Tatbestand des § 186 StGB. erfüllte, war zu prüfen, ob ihm nicht der § 193 StGB. zur Seite stand. Daß durch Vertrag und Auftrag das Recht und unter Umständen auch die Pflicht zur Wahrnehmung fremder, von dem Beauftragten zu vertretender Interessen geschaffen werden kann, ist in der Rechtsprechung anerkannt. Wäre aber R. auf Grund des § 193 StGB. freizusprechen gewesen, so hätte auch M. nicht wegen Anstiftung verurteilt werden können. In diesem Falle wäre eine mittelbare Täterschaft in Frage gekommen; es wäre aber zu prüfen gewesen, ob der Angeklagte nicht durch den § 193 vor Verurteilung geschützt wurde. Dagegen konnte ihm der § 193 StGB. nicht zustatten kommen, wenn R. für schuldig erkannt wurde; wenn der Täter der Strafe verfällt, kann die Frage nach dem selbständigen Vorliegen dieses Schuldausschließungsgrundes in der Person des Teilnehmers nicht auftauchen. (I, 21. Februar 1930.) Amtl. Sammlg. S. 23—25.

Vgl. Bd. 24 S. 304; Bd. 29 S. 6; Bd. 39 S. 399.

12. **Branntweinaufschlag. Hinterziehung. Irrtum.** (BranntwMonG. §§ 120, 121, 144; RAbgO. § 358; StGB. § 59.) Gegenüber der Anklage wegen Branntweinaufschlaghinterziehung beriefen sich die Angeklagten auf Irrtum über die gesetzlichen Vorschriften. Das Landgericht erachtete den Irrtum für nicht widerlegbar und sprach die Angeklagten frei. Das Reichsgericht verwies die Sache zurück. § 358 RAbgO. kann zur Anwendung nur gelangen, wenn die Hauptverhandlung den Nachweis erbracht hat, daß aus verschuldetem Irrtum die Tat für erlaubt gehalten worden ist. Kann nicht bewiesen werden, daß der Irrtum verschuldet war, so ist damit noch nicht bewiesen, daß er unverschuldet war. Der Irrtum, den das Berufungsgericht als möglicherweise vorhanden annahm, fiel nicht unter § 358 RAbgO., sondern unter § 59 StGB., denn dem Irrtum über Tatumstände im Sinne dieser Vorschrift ist gleichzusetzen

der Irrtum über Rechtssätze, die nicht dem Strafrecht, sondern einem anderen Rechtsgebiet angehören. Das gilt auch für einen Irrtum über steuerrechtliche Vorschriften, die sich nicht als Vorschriften des Steuerstrafrechts darstellen, insbesondere für einen Irrtum über Vorschriften, durch die eine Steuerpflicht begründet wird. Da durch einen Irrtum nach § 59 StGB. der Vorsatz, und, wenn er unverschuldet ist, auch die Fahrlässigkeit ausgeschlossen wird, die Schuld aber dem Angeklagten bewiesen werden muß, so muß für die Regel schon bei Vorhandensein der Möglichkeit eines Irrtums solcher Art Freisprechung erfolgen, wobei allerdings vorausgesetzt wird, daß das Gericht seiner Pflicht zur Erforschung des wahren Sachverhalts Genüge leistet und sich nicht ohne weiteres mit den Behauptungen des Angeklagten begnügt. Auf dem Gebiet der Steuergesetzgebung greifen hier aber einerseits die Vermutungstatbestände, anderseits die Vorschriften über Ordnungswidrigkeiten ein. Liegt ein Vermutungstatbestand vor, so tritt die Bestrafung wegen Hinterziehung ein, ohne daß der Vorsatz der Hinterziehung festgestellt zu werden braucht; wird aber festgestellt, daß ihm dieser Vorsatz fehlte, so greift nur eine Ordnungsstrafe Platz. Hiernach war im gegebenen Fall zunächst zu prüfen, ob ein Vermutungstatbestand in Betracht kam. War ein solcher nicht gegeben und eine vorsätzliche Hinterziehung nicht nachweisbar, so kam die Verhängung einer Ordnungsstrafe in Betracht. Eine solche ist schon dann möglich, wenn der äußere Tatbestand einer Zuwiderhandlung gegen die Vorschriften des Branntweinmonopolgesetzes feststeht; der Nachweis eines Verschuldens ist nicht erforderlich, da es vermutet wird. Wohl aber macht der Nachweis eines unverschuldeten Irrtums über Tatumstände oder über außerstrafrechtliche Rechtssätze eine Bestrafung unmöglich. Die Feststellungen des Urteils genügten zwar beim Mangel eines Vermutungstatbestandes zur Verneinung einer vorsätzlichen Hinterziehung, nicht aber für die Feststellung, daß der Täter ohne Hinterziehungsvorsatz gehandelt hatte oder für die nach § 144 BranntwMonG. erforderliche Feststellung eines Ausschließungsgrundes nach § 59 StGB.; hiefür bedurfte es der Feststellung der Überzeugung des Gerichts, daß sich die Angeklagten in einem solchen Irrtum befunden haben. (I, 21. Februar 1930.)

Amtl. Sammlg. S. 25—27.

Vgl. Bd. 55 S. 81; Bd. 26 S. 409; Bd. 61 S. 81.

13. Kleinsilberwaren. Stempelung. Irrtum. Gewohnheitsrecht. (StGB. § 59; RG. vom 16. Juli 1884 §§ 3, 9.) Auf Kleinsilberwaren wurde das Stempelzeichen 800 angebracht, doch fehlte die Firmenbezeichnung und das Mondsichelzeichen. Die Verurteilung wegen Verfehlung gegen das Gesetz über den Feingehalt der Gold- und Silberwaren wurde bestätigt. Es ist jedem, der Gold- und Silberwaren feilhält, freigestellt, den Feingehalt anzugeben oder nicht; wenn aber der Feingehalt angegeben wird, muß es in der im Gesetz vorgeschriebenen Weise geschehen. Ein Irrtum hierüber kann nicht straffrei machen, da er als Strafrechtsirrtum anzusehen ist. Der Angeklagte hatte sich darauf berufen, daß eine solche Bezeichnung seit langen Jahren allgemein üblich sei. Das Reichsgericht erachtete aber einen Nachweis hiefür nicht für erbracht und ging auf die Frage, ob ein Gewohnheitsrecht die Kraft haben kann, ein Strafgesetz zu beseitigen, nicht ein. (III, 27. Februar 1930.)

Amtl. Sammlg. S. 28—29.

14. Notstand. Vorsatz. Mittelbare Täterschaft. Beweisantrag. (StGB. §§ 52, 54.) Ein Mann, der sich seiner Braut entledigen wollte, forderte einen jungen Menschen auf, auf sie zu schießen und schüchterte ihn durch die Drohung, ihm andernfalls das Leben zu nehmen, so ein, daß dieser der Aufforderung nachkam. Das Schwurgericht sprach den einen Angeklagten wegen Notstands frei und verurteilte den anderen als mittelbaren Täter wegen Mordes. Das Reichsgericht bestätigte das Urteil. Allerdings war die Ausführung des angefochtenen Urteils, daß der unmittelbare Täter ohne Vorsatz gehandelt habe, mit den getroffenen Feststellungen nicht vereinbar. Die durch die Drohung geschaffene Notstandslage beeinträchtigte zwar seine Willensfreiheit, schloß sie aber nicht aus. Handeln im Notstand bildet keinen Rechtfertigungsgrund, sondern nur einen Entschuldigungsgrund; dieser kommt erst in Frage, wenn ohne ihn eine strafbare Handlung, also namentlich auch eine Schuld, gegeben wäre. Die durch die Zwangslage entstandene Beschränkung der Willensfreiheit läßt also insbesondere die Vorsätzlichkeit des Handelns unberührt. Ob der freigesprochene Angeklagte seine tatsächliche Lage zutreffend beurteilt hatte, war ohne Belang; auch eine irrige Vorstellung hierüber bewirkte, daß sein vorsätzliches Tun ihm nicht als solches zur Last zu legen war und daß sein Irrtum, wenn er nicht auf Fahrlässigkeit beruhte, auch eine Verurteilung wegen fahrlässiger Tötung ausschloß. Die Annahme des Schwurgerichts, daß der verurteilte Angeklagte die Tötung als mittelbarer Täter selbst ausgeführt habe, indem er sich der physischen Kraft des willensunfreien anderen Angeklagten als seines Werkzeugs bediente, unterlag hiernach im Ergebnis keinen rechtlichen Bedenken. Der Einwand, daß für den anderen Angeklagten keine unabwendbare Gefahr bestanden habe, verkannte, daß die mittelbare Täterschaft gerade darin gefunden wurde, daß der Angeklagte die Zwangslage, in der sich der andere Angeklagte zu befinden glaubte, wissentlich mißbrauchte, um seinen Tötungsvorsatz durch dessen Handlung zu verwirklichen. Welche Vorstellung er über die Strafbarkeit seines eigenen Verhaltens und jene des anderen Angeklagten hatte, war belanglos. Er hatte sich in der Revision darauf berufen, daß ein von dem anderen Angeklagten gestellter Beweisantrag abgelehnt worden war; das wäre aber nur dann möglich gewesen, wenn er mindestens zu erkennen gegeben hätte, daß er sich diesem Antrag anschließe. (II, 3. März 1930.) Amtl. Sammlg. S. 30—33.

Vgl. Bd. 58 S. 141; Bd. 61 S. 242; Bd. 63 S. 101.

15. Betrug. Urkundenfälschung. Öffentliche Beglaubigung. Verjährung. (StGB. §§ 48, 67, 263, 267, 268.) Zum Zwecke der Bewerbung um eine Stelle als städtischer Beamter legte der Angeklagte dem Bürgermeister einer anderen Stadt falsche Zeugnisse und Abschriften hievon mit dem Ersuchen um Beglaubigung der Abschriften vor; dieser kam dem Ersuchen nach. Auf Grund der vorgelegten beglaubigten Abschriften erhielt der Angeklagte die Stelle am 12. September 1921 übertragen; am 1. April 1924 wurde er auf Grund des Beamtenabbaus in den einstweiligen Ruhestand versetzt. Er wurde wegen fortgesetzten Betrugs und fortgesetzter schwerer Urkundenfälschung angeklagt. Das Schöffengericht sprach ihn frei. Der Staatsanwalt legte Berufung ein, weil keine Verurteilung wegen Betrugs erfolgt war. Das Landgericht erkannte gleichfalls auf Freisprechung. Das Reichsgericht verwies die Sache zurück. Die Beschränkung der Berufung des Staatsanwalts war unzulässig und wirkungslos, weil der Eröffnungsbeschluß dem Angeklagten fortgesetzten Betrug in Tateinheit mit Urkundenfälschung zur Last gelegt hatte und die durch die Berufung angebahnte erneute Prüfung der Schuldfrage für die gesamten, dem Angeklagten zur Last gelegten Verfehlungen nur einheitlich erfolgen konnte. Das Schöffengericht hatte nur versuchten Betrug für nachgewiesen erachtet, weil der Angeklagte die ihm übertragenen Arbeiten ebensogut erledigt habe, wie wenn die vorgelegten Zeugnisse echt gewesen wären; Freisprechung war erfolgt, weil Verjährung angenommen wurde. Das Landgericht hatte gleichfalls Verjährung für gegeben erachtet und die Schuldfrage nicht näher geprüft. Das Reichsgericht wies darauf hin, daß möglicherweise dem Angeklagten mit Rücksicht auf seine angebliche Vorbildung und frühere Beschäftigung Bezüge bewilligt wurden, die nur Beamten mit abgeschlossener Hochschulbildung zukamen; in diesem Fall war es nicht ausgeschlossen, daß der Angeklagte trotz zufriedenstellender Leistungen sich rechtswidrig Vermögensvorteile erschlichen und sich daher eines vollendeten Betrugs schuldig gemacht hatte. Für die Frage, ob dem Getäuschten aus seiner in dem Abschluß eines Vertrags liegenden Verfügung ein Vermögensnachteil erwächst, ist die Zeit des Vertragsschlusses maßgebend ohne Rücksicht auf die spätere tatsächliche Entwicklung der Vertragsfolgen. Zu diesen gehört beim Dienstvertrag insbesondere die darin übernommene fortlaufende Entlohnung des Angestellten. Die Anstellung des Angeklagten war in dieser Hinsicht dem Abschluß eines Dienstvertrags gleichzustellen. Demgemäß war der Betrug mit seiner Anstellung beendet und die Verjährung der Strafverfolgung war von diesem Zeitpunkt an zu berechnen. Daraus ergab sich aber noch nicht, daß seine Tat zur Zeit der ersten richterlichen Handlung, am 3. August 1928, schon verjährt war. Die Untergerichte hatten eine fortgesetzte betrügerische Handlung für gegeben erachtet, weil der Angeklagte von vorneherein darauf ausgegangen war, bei den Behörden der Stadt einen dauernden Irrtum über seine Vorbildung und seine frühere Beschäftigung zu erregen und auf Grund dieses Irrtums auch noch weitere Vermögensvorteile zu erlangen, insbesondere durch spätere Erhöhung der Bezüge, durch Beförderung oder sonstige ihm vorteilhafte behördliche Entschließungen. Wenn ein solcher Fortsetzungszusammenhang bestand, begann aber die Verjährung der Strafverfolgung für den gesamten Betrug erst mit der Beendigung des fortgesetzten Handelns. Die vorgelegten Abschriften von angeblichen Zeugnissen waren als solche keine Urkunden; auch den Beglaubigungen fehlte die Eigenschaft öffentlicher Urkunden, weil sie von einer für Beglaubigungen nicht zuständigen Stelle ausgingen. In dem Erwirken der Beglaubigung war also keine strafbare Handlung zu erblicken. Dagegen konnte der Angeklagte durch die Vorlegung von angeblichen Unterschriften falscher Zeugnisse zum Zwecke der Beglaubigung der davon hergestellten Abschriften sich einer schweren Urkundenfälschung schuldig gemacht haben. In dieser Hinsicht waren noch weitere Feststellungen nötig. (II, 2. Dezember 1929.)

Amtl. Sammlg. S. 33—41.

Vgl. Bd. 46 S. 16; Bd. 49 S. 78; Bd. 59 S. 291; Bd. 60 S. 109, 375; Bd. 61 S. 349; Bd. 62 S. 13, 130, 418; Bd. 63 S. 74, 148; RGZ. Bd. 104 S. 251; Bd. 107 S. 189; Bd. 108 S. 314; Bd. 110 S. 189, 266, 297; Bd. 114 S. 122; Bd. 126 S. 147.

16. Offenbarungseid. Meineid. Konkursverbrechen. Tateinheit. Verbrauch der Strafklage. (StGB. §§ 73, 153; KO. §§ 125, 239; StPO. § 260.) Ein Kaufmann, der in Konkurs geraten war, gab in der Vermögensaufstellung an, daß er sein Warenlager einem anderen übertragen habe; die Richtigkeit des Verzeichnisses beschwor er. Auf Grund der Feststellung, daß der Vertrag erdichtet war, wurde er wegen Konkursverbrechens verurteilt. Nachträglich wurde auch Anklage wegen Meineids erhoben; das Schwurgericht erklärte aber das Verfahren für unzulässig. Die Revision des Staatsanwalts hatte keinen Erfolg. Der wissentliche Falscheid, den der Angeklagte geleistet hatte, enthielt zugleich den äußeren und inneren Tatbestand der Aufstellung erdichteter Rechtsgeschäfte, durch die der Konkursmasse das Warenlager entzogen wurde. Gegen die Annahme von Tateinheit zwischen den beiden Verbrechen bestand kein rechtliches Bedenken. Demgemäß war durch die frühere Aburteilung die Strafklage auch für das Verbrechen des Meineids verbraucht. Das Urteil hätte auf Einstellung des Verfahrens lauten sollen; sachlich bedeutete aber die gewählte Formel das gleiche. (III, 20. Februar 1930.) Amtl. Sammlg. S. 42—43.
Vgl. Bd. 2 S. 337.

17. Untreue. Betrug. Reisekostenentschädigung. (StGB. §§ 263, 266.) Der Bürgermeister einer Gemeinde machte mit einem Angestellten der gleichen Gemeinde mehrere Dienstreisen. Hiefür verrechneten sie Beträge, die ihre Auslagen erheblich überstiegen. Auf Anweisung des Bürgermeisters wurden jeweils ihm wie dem Angestellten Vorschüsse ausbezahlt; nach der Reise legte der Angestellte dem Bürgermeister die Rechnung vor und der Bürgermeister wies die Kasse an, die dort angeführten Beträge zu zahlen und die Vorschüsse darauf zu verrechnen. Der Bürgermeister wurde wegen fortgesetzter Untreue, der Angestellte wegen Beihilfe verurteilt. Ihre Revisionen wurden verworfen. Daß der Bürgermeister bei Antritt der ersten Reise von vorneherein mit dem Gedanken umging, auf Kosten der Gemeinde Aufwendungen über den notwendigen Bedarf hinaus zu machen, hatte das Berufungsgericht nicht angenommen; infolgedessen konnte in der Anweisung des Vorschusses noch keine Untreue gefunden werden. Eine solche lag aber in der Verfügung über das von dem Angeklagten als Vorschuß auf die Reisekosten geforderte und ihm darauf von der Gemeindekasse ausgezahlte Geld. Das Geld war dem Angeklagten zu dem Zweck anvertraut worden, davon die notwendigen Auslagen zu bestreiten; den Rest hatte er zurückzugeben. Dadurch, daß er den Rest für rein persönliche, nicht erstattungsfähige Ausgaben verwendete in der Absicht, diesen Sachverhalt zu verschweigen und keinen Ersatz zu leisten, verfügte er über Vermögensstücke der Gemeinde absichtlich zu deren Nachteil. Bei den folgenden Reisen handelte der Angeklagte von vorneherein mit dem ein für allemal gefaßten Vorsatz, sich auf Kosten der Gemeinde an den Reisekosten zu bereichern; hier war die Untreue nicht erst in dem Verbrauch, sondern schon in der Anweisung des Vorschusses zu erblicken. Indem der Angeklagte die Reisekostenentschädigungen aus der Gemeindekasse endgültig anwies und damit die in gleicher Höhe schon gezahlten Vorschüsse zur Verrechnung brachte, verfügte er über die der Gemeinde zustehenden Forderungen auf Rückzahlung des die erstattungsfähigen Ausgaben übersteigenden Teiles der Vorschüsse. In Frage kommen konnte, ob in dem Verhalten nicht auch ein Betrug zu finden war, da der Angeklagte dadurch die Kontrollorgane hinderte, ihrerseits für die Beitreibung der Forderungen Sorge zu tragen, in der Absicht, sie der Gemeinde zu entziehen; nach dieser Richtung konnte aber das Urteil nicht nachgeprüft werden. Eine Beihilfehandlung des Angestellten war vom Berufungsgericht darin gefunden worden, daß er die Anweisungsverfügungen des Bürgermeisters gegenzeichnete, teilweise auch mit den Prüfungsvermerken versah und dadurch die Ausführung der Straftaten ermöglichte. Das Reichsgericht wies darauf hin, daß bei der ersten Reise der Angestellte sich einer Untreue schuldig machte, indem er das ihm als Vorschuß gewährte, der Gemeinde gehörige Geld zum erheblichen Teil für rein persönliche, nicht erstattungsfähige Ausgaben verwendete in der Absicht, diesen Sachverhalt zu verschweigen und keinen Ersatz zu leisten; da aber der Staatsanwalt keine Revision eingelegt hatte, konnte das Urteil nicht geändert werden. Bei den späteren Dienstreisen machte sich der Angestellte der fortgesetzten Beihilfe zu der von dem Bürgermeister bei der Anweisung der Vorschüsse begangenen Untreue dadurch schuldig, daß er die auf ihn angewiesenen Vorschüsse für sich abhob; er verhalf dadurch den von dem Bürgermeister durch die Anweisung der Vorschüsse

getroffenen nachteiligen Verfügungen zur Verwirklichung. (III, 24. Februar 1930.) Amtl. Sammlg. S. 43—48.
Vgl. Bd. 38 S. 363; Bd. 61 S. 78; Bd. 62 S. 58; Bd. 63 S. 406.

18. Branntweinmonopol. Verschlußplomben. Urkundenfälschung. (StGB. §§ 136, 267; BranntwMonG. §§ 52—56, 125; BrennO. §§ 71, 93, 94, 142, 171.) In einer landwirtschaftlichen Kornbranntweinbrennerei wurde eine Meßuhr angebracht, deren Gehäuse mit zwei amtlichen Plomben verschlossen war; die Plomben trugen auf der einen Seite den Reichsadler, auf der anderen die Buchstaben R. F. V. und die Zahl 178. Die Inhaber der Brennerei lösten wiederholt den Plombenverschluß und stellten die Meßuhr zurück, so daß sie eine geringere Branntweinmenge anzeigte als wirklich erzeugt war. Um diese Machenschaften zu verdecken, verschlossen sie das Gehäuse wieder mit Plomben, die mit einem der amtlichen Plombierzange nachgemachten Werkzeug geprägt waren. Die Verurteilung wegen Urkundenfälschung wurde vom Reichsgericht nicht bestätigt. Der Urkundenbegriff ist allerdings nicht auf Schriftstücke beschränkt; andere Gegenstände können aber als Urkunden nur dann in Betracht kommen, wenn sie nach Gesetz, Herkommen oder Vereinbarung der Beteiligten dazu bestimmt und geeignet sind, über ihr körperliches Dasein hinaus eine Gedankenäußerung des Urhebers darzustellen und für bestimmte rechtliche Beziehungen Beweis zu erbringen. Ist das nicht der Fall, dienen die Gegenstände vielmehr nur zur Sicherung, zur Unterscheidung oder zum Verschluß bestimmter Sachen, so handelt es sich nicht um Urkunden im Rechtssinne. Die Vorschriften über den Verschluß der Meßuhren durch Plomben lassen nicht ersehen, daß den Plomben eine über ihre eigentliche Zweckbestimmung (die Sicherung des Verschlusses) hinausgehende urkundliche Bedeutung beigelegt wird. Sie beweisen durch ihr körperliches Dasein dem Beschauer, daß die Meßuhr amtlich verschlossen ist, verkörpern aber keine darüber hinausgehende Gedankenäußerung. In einem früher entschiedenen Fall wurden Plomben an Elektrizitätsmessern als Urkunden anerkannt, weil sie auf Grund einer Vereinbarung zwischen dem Elektrizitätswerk und den Stromabnehmern bestimmt und geeignet waren, festzustellen, daß der Zähler so, wie er mit der Plombe geschlossen war, für den angezeigten Stromverbrauch maßgebend sein sollte. Die Sache wurde zurückverwiesen zum Zwecke der Prüfung, ob nicht Siegelbruch gegeben war. (III, 3. März 1930.)
Vgl. Bd. 50 S. 191; Bd. 55 S. 97. Amtl. Sammlg. S. 48—50.

19. Beeidigung der Schöffen und Geschworenen. Protokoll. (GVG. §§ 51, 77, 84; StPO. § 274; ZPO. § 418.) Die Beeidigung der Schöffen und Geschworenen ist ein Geschäft der Justizverwaltung. Zur Beurkundung ist zwar der Urkundsbeamte der Geschäftsstelle beizuziehen; dagegen ist nicht eine Anwesenheit der Personen notwendig, für welche der Schöffe oder Geschworene in der anschließenden Hauptverhandlung als Richter in Betracht kommen. Anders lag die Sache bei den früheren Schwurgerichten; bei diesen bildete die Beeidigung der Geschworenen einen Teil der Hauptverhandlung. Das über die Beeidigung der Schöffen und Geschworenen aufgenommene Protokoll ist kein Sitzungsprotokoll im Sinne der Strafprozeßordnung; der Beweis der Unrichtigkeit ist daher nicht ausgeschlossen. Immerhin müssen, da es als öffentliche Urkunde zu bewerten ist, gegenüber der Beweiskraft Umstände nachgewiesen sein, aus denen sich schlüssig ergibt, daß es unrichtig ist. (II, 3. März 1930.) Amtl. Sammlg. S. 50—52.

Vgl. Bd. 61 S. 374.

20. Zollhinterziehung. Viehseuchen. Vermutung. (ViehsG. § 74; VZG. §§ 119, 135, 136 Nr. 5d.) Ein Landwirt kaufte ein Pferd in Polen und brachte es heimlich über die Grenze. Er wurde wegen Zollhinterziehung in Tateinheit mit einem Vergehen gegen das Viehseuchengesetz verurteilt. Das Reichsgericht brachte die zweite Verurteilung in Wegfall. Die Verurteilung wegen Zollhinterziehung stützte sich auf die gesetzliche Vermutung, durch die das Gericht gezwungen war, die Einfuhr über die Zollgrenze als geschehen anzunehmen, obwohl sie nach dem das Strafverfahren sonst beherrschenden Grundsatz der freien Beweiswürdigung nicht dargetan war. Die Betrachtung der Handlung unterliegt diesem Zwang auch insoweit, als nach den Merkmalen eines anderen Strafgesetzes zu forschen ist; es geht nicht an, die Einfuhr über die Zollgrenze, soweit Zollhinterziehung in Frage kommt, für erwiesen, soweit ein Vergehen gegen das Viehseuchengesetz in Frage kommt, für nicht erwiesen zu erklären. Das Vergehen gegen § 74 Nr. 3 ViehsG. weist aber noch ein der Zollhinterziehung fremdes Tatbestandsmerkmal auf, nämlich die Abweichung von den Grenzübergängen, die für die Einfuhr von Tieren bestimmt sind. Dieses Tatbestandsmerkmal entzieht sich der gesetzlichen Vermutung; seine Feststellung kann nur nach dem Grundsatz der freien Beweiswürdigung getroffen werden. Ein hinlänglicher Nachweis fehlte. (II, 6. März 1930.) Amtl. Sammlg. S. 52—55.

Vgl. Bd. 45 S. 321; Bd. 49 S. 127; Bd. 60 S. 191.

21. Verbandszeitschrift. Verantwortlicher Schriftleiter. Beschimpfung. Beleidigung. Verbreitung. Verleger. (RepSchG. § 8; StGB. §§ 186, 187; PreßG. §§ 20, 21.) In einer Verbandszeitschrift wurde eine in der Vertretertagung des Verbands gehaltene Rede abgedruckt, die Beschimpfungen im Sinne des § 8 RepSchG. enthielt. Neben dem verantwortlichen Schriftleiter wurde auch der Verleger angeklagt, aber freigesprochen. Das Reichsgericht bestätigte das Urteil. Der angeklagte Verleger hatte den Bericht gelesen und dafür gesorgt, daß er in der Zeitschrift abgedruckt und damit unter deren Bezieher verbreitet wurde. Daraus ergab sich aber noch nicht, daß, wenn der Bericht Beschimpfungen enthielt, er hiewegen verurteilt werden konnte; strafbar ist nur, wer selbst beschimpft, nicht aber, wer nur berichtet, daß ein anderer die Äußerung getan habe, in der dann eine Beschimpfung gefunden wird, noch weniger, wer nur einen derartigen Bericht eines Dritten verbreitet. Anders liegt die Sache bei ehrenkränkenden Tatsachen, weil hier nicht nur die Behauptung, sondern auch die Verbreitung unter Strafe gestellt ist. Die Verbreitung einer Beschimpfung im Sinne des § 8 Rep.-SchG. ist nur dann strafbar, wenn erkennbar der Verbreiter die beschimpfenden Äußerungen sich derart zu eigen macht, daß er durch die Verbreitung selbst beschimpft. Das war nicht nachgewiesen. Daß der angeklagte Verleger ein Gesinnungsgenosse des Redners war, ersetzte nicht den Nachweis einer eigenen Stellungnahme des Angeklagten. Da der Verfasser bekannt war, kam § 21 PreßG. nicht in Anwendung. (II, 10. März 1930.)

Amtliche Sammlung S. 55—57.

Vgl. Bd. 46 S. 356; Bd. 50 S. 181; Bd. 61 S. 308.

22. Beschränkung der Verteidigung. Letztes Wort. (StPO. § 258.) In seinen Ausführungen verbreitete sich der Angeklagte über Dinge, die nicht zur Sache gehörten. Der Staatsanwalt beantragte, ihm das Wort nur noch auf drei Minuten zu gestatten; durch Gerichtsbeschluß wurde ihm das Wort auf sieben Minuten erteilt. Er erklärte, daß er auf weiteres Reden verzichte. Seine Revision hatte Erfolg. Es kann zwar unter Umständen zulässig sein, dem Angeklagten das Wort zu entziehen, wenn er lediglich nicht zur Sache gehörige Ausführungen macht und auf wiederholte Mahnungen des Vorsitzenden nicht dazu zu bringen ist, zur Sache zu sprechen. Eine solche Maßnahme war aber hier noch nicht als erforderlich angesehen worden. Dann durfte aber dem Angeklagten auch die Redezeit nicht von vornherein beschränkt werden. Eine unbehinderte Zusammenfassung der Verteidigung in freier Schlußrede war im vorliegenden Fall umsomehr von Bedeutung, als die Zurechnungsfähigkeit des Angeklagten in Frage stand. (II, 10. März 1930.

Amtliche Sammlung S. 57—60.

23. Tod des Nebenklägers. (StGB. § 230; StPO. §§ 391, 393, 397, 402.) Auf die Berufung des Nebenklägers wurde das Urteil des Schöffengerichts, das von der Anklage der fahrlässigen Körperverletzung freigesprochen hatte, aufgehoben. Der Angeklagte legte Revision ein. Vor Erledigung des Revisionsverfahrens starb der Nebenkläger. Das Reichsgericht verwarf die Revision. Durch den Tod des Nebenklägers verliert die Anschlußerklärung ihre Wirkung; ein vom Nebenkläger eingelegtes Rechtsmittel wird also hinfällig in dem Sinne, daß die Sache nicht weiter betrieben werden kann. Eine Rückwirkung in dem Sinn, daß alle im Verfolg des Rechtsmittels bisher ergangenen richterlichen Beschlüsse, Verfügungen und Urteile ohne weiteres wegfallen, tritt aber nicht ein. Der Tod des Privatklägers hat allerdings die Einstellung des Privatklageverfahrens zur Folge, so daß auch die bis dahin ergangenen Urteile in Wegfall kommen. Das gilt aber nicht für die Nebenklage. Bei dieser bildet die öffentliche Klage die von der Nebenklage unabhängige Grundlage des Verfahrens. Die Selbständigkeit des Nebenklägers erschöpft sich darin, daß er selbständige Rechtsmittel einlegen und betreiben kann. Ist auf ein vom Nebenkläger eingelegtes Rechtsmittel ein Urteil ergangen, so kann dieses nicht mehr durch eine Willenserklärung des Nebenklägers oder durch seinen Tod beseitigt werden. (I, 18. März 1930.) Amtliche Sammlung S. 60—63.

Vgl. Bd. 42 S. 342.

24. Revisionsbegründung. (StPO. § 345.) Ein Untersuchungsgefangener ließ sich dem Urkundsbeamten des Landgerichts vorführen, um die Revisionsbegründung zu Protokoll zu geben. Er diktierte diesem dann eine Revisionsbegründung, die den gesetzlichen Bestimmungen nicht entsprach. Der Urkundsbeamte unterzeichnete sie, fügte aber die Bemerkung bei, daß die Niederschrift nach eingehender Belehrung des Angeklagten auf dessen Verlangen in dieser Form erfolgt sei. Damit war der gesetzlichen Formvorschrift nicht genügt. In einer Reihe von Fällen, in denen unter scheinbarer Wahrung der Form des Gerichtsschreiber-Protokolls eine Privatschrift zum Protokoll überreicht und zu einem wesentlichen Bestandteil der Verhandlung erklärt oder der Inhalt einer Privatschrift im Protokoll wiederholt wurde, ist die vorgeschriebene Form als nicht gewahrt erklärt worden. Ebenso hat das Reichsgericht die bloße Unterzeichnung einer vom Angeklagten verfaßten Revisionsbegründung durch einen Rechtsanwalt für nicht genügend erklärt, soferne nicht erkennbar gemacht ist, daß der Rechtsanwalt bei der Fassung mitgewirkt oder jedenfalls für den Inhalt die volle Verantwortung übernommen hat. Diese Grundsätze mußten auch im vorliegenden Fall dazu führen, der Niederschrift die Eigenschaft einer vorschriftsmäßigen Revisionsrechtfertigung abzusprechen; die Schlußbemerkung des Urkundsbeamten ließ ohne weiteres erkennen, daß er für den unsachgemäßen Inhalt der Niederschrift die Verantwortung nicht übernehmen wollte. (I, 21. März 1930.) Amtliche Sammlung S. 63—66.

Vgl. Bd. 2 S. 538; Bd. 14 S. 348; Bd. 18 S. 103.

25. Militärischer Ungehorsam. Dienstsache. Dienstbefehl. Befehlsgewalt. (MStGB. §§ 92, 94, 145, 147.) Der Rechnungsführer einer Kompagnie der Reichswehr erteilte einem Bankhaus eine von ihm selbst unterschriebene und mit dem Kompagniestempel versehene Bescheinigung, daß zwei Feldwebeln der Kompagnie die von ihnen mit dem Bankhaus vereinbarten Teilzahlungen vom Gehalt abgezogen und dem Bankhaus überwiesen werden dürften. Er wurde wegen militärischen Ungehorsams angeklagt, weil er die Bescheinigung dem Kompagniechef zur Unterschrift hätte vorlegen müssen. In allen Rechtszügen erfolgte Freisprechung. Die Entscheidung hing davon ab, ob die Vorschrift für die Geldwirtschaft bei den Kompagnien des Reichsheeres vom 5. März 1927 als ein Befehl anzusehen ist. Militärischer Dienst ist die Gesamtheit der Verrichtungen, denen sich die Angehörigen der Wehrmacht in ihrer Eigenschaft als Soldaten zu unterziehen haben, um die Erfüllung der zu den Angelegenheiten der Wehrmacht gehörigen Aufgaben zu ermöglichen. Außer dem Truppendienst im engeren Sinne fällt darunter auch jedes Geschäft der Heeres- und Marineverwaltung, das einem Soldaten als solchem befugterweise als Dienstverrichtung übertragen wird. Die in Frage stehende Vorschrift war vom Reichswehrminister erlassen; dieser übt unter dem Reichspräsidenten die Befehlsgewalt über die gesamte Wehrmacht aus, ist also befugt, die Dienstverhältnisse der Angehörigen der Wehrmacht zu regeln. Soweit er das tut, werden die den Angehörigen der Wehrmacht als Soldaten zugewiesenen Dienstverrichtungen, einerlei, welcher Art sie sind, dadurch ohne weiteres zu militärischen Dienstsachen, auch wenn sie es bis dahin nicht waren. Es konnte sich daher nur fragen, ob in der in Betracht kommenden Vorschrift

Befehle enthalten waren, ob vom Angeklagten ein Handeln oder Unterlassen in gebietender Weise gefordert wurde. Daß das auch in allgemeinen Dienstvorschriften geschehen kann, ist allgemein anerkannt. Es stand nicht entgegen, daß die Vorschrift vorläufig versuchsweise eingeführt wurde; wohl aber traten die Voraussetzungen des Dienstbefehls in den einzelnen Bestimmungen der Vorschrift nicht hinreichend hervor. Es handelte sich nur um eine Geschäftsverteilung. Der Angeklagte überschritt zwar seine Befugnisse als Rechnungsführer, er handelte aber nicht einem Befehl in Dienstsachen zuwider. (II, 10. Februar 1930.)

Amtliche Sammlung S. 66—72.

Vgl. Bd. 27 S. 408; Bd. 58, S. 110; Bd. 59 S. 330; Bd. 60 S. 94; RMG. Bd. 8 S. 227; Bd. 10 S. 40; Bd. 15 S. 20; Bd. 17 S. 142; Bd. 18 S. 64.

26. Strafantrag. Amtlicher Vorgesetzter des Bürgermeisters. (StGB. § 196; PrStädteO. für die östlichen Provinzen §§ 31, 33, 34, 57, 58, 59.) Wegen einer dem Oberbürgermeister einer Stadt zugefügten Beleidigung stellte der Magistrat in einem vom zweiten Bürgermeister unterzeichneten Schreiben Strafantrag. Das Berufungsgericht erklärte den Strafantrag für unwirksam; die Revisionen des Staatsanwalts und des Nebenklägers wurden verworfen. Der Magistrat konnte nicht als amtlicher Vorgesetzter des Bürgermeisters anerkannt werden. Der Bürgermeister wird nicht vom Magistrat, sondern von der Stadtverordnetenversammlung gewählt und bedarf der staatlichen Bestätigung; er wird vom Regierungspräsidenten vereidigt, während er die übrigen Mitglieder des Magistrats in Eid und Pflicht nimmt. Dem Magistrat steht keine Disziplinarbefugnis gegenüber dem Bürgermeister zu; hiefür ist nur die staatliche Aufsichtsbehörde zuständig. Anderseits ist der Bürgermeister zur Erteilung von Warnungen und Verweisen an die Magistratsmitglieder befugt. (II, 24. März 1930.)

Amtliche Sammlung S. 72—74.

Vgl. Bd. 24 S. 179; Bd. 59 S. 133.

27. Anreizen zum Steuerstreik. (RPräsVO. vom 15. September 1923 § 1.) In einer Versammlung von Landwirten führte der Redner aus, die Landwirte sollten Steuer verweigern, die sie aus ihrem Einkommen nicht zu zahlen vermöchten; aus der Vermögenssubstanz zu zahlen, könnten sie nicht gezwungen werden, da das Eigentum durch die Verfassung geschützt sei. Das Berufungsgericht sprach von der Anklage eines Vergehens gegen die Verordnung des Reichspräsidenten vom 15. September 1923 frei. Das Reichsgericht hob das Urteil auf. In welcher Höhe und aus welchen Mitteln Steuern zu zahlen sind, bestimmen die Steuergesetze; daß nicht nur das Einkommen, sondern auch das sonstige Vermögen besteuert werden kann, ergibt sich auch aus der Reichsabgabenordnung. Ein Irrtum des Angeklagten konnte ihn nicht vor Strafe schützen; das rechtsgültige Bestehen einer Steuerpflicht ist kein vom Vorsatz des Täters zu umfassendes gesetzliches Tatbestandsmerkmal der Verordnung. Auf die irrige Annahme der Verfassungswidrigkeit der Steuergesetze durfte daher die Freisprechung des Angeklagten nicht gestützt werden (II, 24. März 1930.) Amtliche Sammlung S. 74—76. Vgl. Bd. 12 S. 6; Bd. 36 S. 417; Bd. 40 S. 55, 64; Bd. 55 S. 161; Bd. 59 S. 29; Bd. 63 S. 170, 326.

28. Steuerhinterziehung. Tätige Reue. (RAbgO. § 374.) Ein Kaufmann übertrug seinem Bruder die Überwachung der Steuerpflichten in seinem Geschäft. Dieser wies eine Angestellte an, unrichtige Angaben zu berichtigen. Gegen den Kaufmann wurde ein Strafverfahren eingeleitet, weil nicht er selbst den Auftrag zur Berichtigung gegeben habe. Die Freisprechung wurde vom Reichsgericht bestätigt. Wie der von den Vorgängen nicht unterrichtete Angeklagte es gegen sich hätte gelten lassen müssen, wenn sein Bruder durch Unterlassung der erforderlichen Zahlungen eine Steuerverkürzung herbeigeführt hätte, so mußte ihm umgekehrt zustatten kommen, wenn dieser Beauftragte im Rahmen seines Auftrags die erforderlichen Berichtigungen rechtzeitig veranlaßte. (III, 24. März 1930.)
Amtliche Sammlung S. 76—77.

29. Pfandbuch. Vollstreckungsvereitelung. (StGB. §§ 137, 289; ZPO. § 808.) Bei einem Gastwirt wurde Wein in Flaschen gepfändet, aber in dessen Besitz belassen. Er verkaufte einen Teil der Flaschen und gab sie an die Käufer ab. Die Verurteilung aus § 289 StGB. wurde nicht gebilligt. Eine Sache kann dem Pfandgläubiger nur weggenommen werden, wenn er sie in seiner tatsächlichen Gewalt hat; die gepfändeten Flaschen waren aber im Gewahrsam des Angeklagten geblieben. Dagegen war § 137 StGB. verletzt. Diese Vorschrift kommt immer in Anwendung, wenn die gepfändeten Sachen dem Pfandverband entzogen werden, gleichgültig, in wessen Gewahrsam sie sich befunden haben. (IV, 25. März 1930.) Amtliche Sammlung S. 77—78.

30. Urkunde. Verlesung. Vorhalt. (StPO. §§ 249, 256, 273.) Im Urteil des Berufungsgerichts war ausgeführt, daß es auf den Angaben der Angeklagten, den eidlichen Aussagen der

Zeugen und dem Inhalt der Akten B. gegen S. und der Disziplinarakten gegen W. Bl. 1, 16, 17, 86 beruhe. Wie weit diese Akten verlesen worden waren, ließ sich weder dem Urteil noch dem Sitzungsprotokoll entnehmen; dieses sagte nur, daß die Akten zum Gegenstand der Verhandlung gemacht worden seien, insbesondere das Gutachten des Ministerialrats N. Bl. 86 der Disziplinarakten. Das führte zur Aufhebung des Urteils. Urkunden und andere als Beweismittel dienende Schriftstücke sind in der Hauptverhandlung zu verlesen; das Sitzungsprotokoll muß die Bezeichnung der verlesenen Schriftstücke enthalten. Da das Sitzungsprotokoll eine Verlesung nicht erwähnte, war anzunehmen, daß der Vorsitzende den Angeklagten aus den Akten Vorhalte gemacht hatte, um sie zu Erklärungen zu veranlassen; in diesem Fall bildeten aber die Erklärungen, nicht die Akten, die Grundlage für die Feststellungen. Urkundliche Beweisgrundlage konnten die Akten, oder richtiger: bestimmte Stellen aus den Akten, nur darstellen, soferne eine förmliche Verlesung der Aktenstellen zulässig war. Das traf insbesondere für das Gutachten des Ministerialrats N. nicht zu; dieser hätte als Zeuge oder Sachverständiger vernommen werden müssen. Nur ein Zeugnis oder Gutachten einer öffentlichen Behörde hätte verlesen werden können. (I, 28. März 1930.) Amtliche Sammlung S. 78—80.

31. Aktiengesellschaft. Vorstand. Buchführung. Aktienmantel. (KO. §§ 240, 244; HGB. §§ 200, 209, 239.) Im September 1923 wurde eine Aktiengesellschaft gegründet und alsbald in das Handelsregister eingetragen. Aktien wurden nicht ausgegeben; ein auf den Inhaber lautender Interimsschein blieb in der Hand einer Treuhandgesellschaft, von der die Gründung betrieben und das Aktienkapital einbezahlt worden war. Diese trat die gesamten Anteilsrechte (den Aktienmantel) weiter ab. Der Erwerber hielt eine Generalversammlung ab und bestellte auf dieser einen Vorstand der Aktiengesellschaft. Als diese in Konkurs geriet, bestritt der Vorstand, als solcher richtig bestellt und demzufolge zur Buchführung verpflichtet gewesen zu sein. Seine Verurteilung wurde bestätigt. Der Interimsschein war, weil auf den Inhaber gestellt, nichtig. Ob trotzdem eine rechtsgültige Übertragung der Rechte an dem Aktienmantel möglich war und ob dem die Tatsache entgegenstand, daß die Gesellschaft noch keinen Geschäftsbetrieb eröffnet hatte, ließ das Reichsgericht dahingestellt, da die strafrechtliche Verantwortlichkeit des Angeklagten auch dann zu bejahen war, wenn seine Bestellung zum Vorstand der rechtlichen Wirksamkeit entbehrte. Er hatte die

Bestellung angenommen und tatsächlich die Geschäfte eines Vorstandes ausgeführt; hieraus erwuchs ihm die Pflicht, die Obliegenheiten eines Vorstandes wirklich wahrzunehmen, insbesondere für eine ordnungsmäßige Buchführung zu sorgen. Das mußte selbst für den Fall der Nichtigkeit der ganzen Aktiengesellschaft gelten. (II, 6. Februar 1930.) Amtliche Sammlung S. 81—85.
Vgl. Bd. 13 S. 235; Bd. 43 S. 413; RGZ. Bd. 112 S. 236; Bd. 118 S. 113; Bd. 119 S. 229; Bd. 128 S. 284.

32. Bevollmächtigter. Untreue. (StGB. § 266; BGB. §§ 667, 675.) Einem Agenten war ursprünglich verboten, Geld für das von ihm vertretene Unternehmen in Empfang zu nehmen; später wurde er ermächtigt, die eingehenden Kundengelder über sein Privatkonto laufen zu lassen. Hierdurch wurde ein Treueverhältnis begründet; der Bank gegenüber war der Agent verfügungsberechtigt, im Innenverhältnis stand aber dieses Verfügungsrecht dem von ihm vertretenen Unternehmen zu. Insoweit der Agent die Eingänge nicht weitergehen ließ, sondern zu seinem eigenen Nutzen verwendete, verfügte er über Forderungen seines Auftraggebers absichtlich zu dessen Nachteil. Hieran wurde auch dadurch nichts geändert, daß der Agent nicht jeden Einzelbetrag sofort nach Eingang zu überweisen brauchte, sondern die weitere Überweisung jeweils in runden Beträgen vornehmen durfte. (I, 28. März 1930.) Amtliche Sammlung S. 186—88.
Vgl. Bd. 41 S. 265; Bd. 56 S. 121; Bd. 61 S. 1, 174, 228; Bd. 62 S. 15, 58; Bd. 63 S. 406.

33. Kaution. Unterschlagung. Unregelmäßiges Pfandrecht. Irrtum. (StGB. § 246.) Ein Angestellter eines Gastwirtschaftsbetriebs stellte Sicherheit in der Weise, daß er dem Unternehmer einen Geldbetrag übergab, den dieser nach dem Reichsbankdiskontsatz zu verzinsen sich verpflichtete. Die Verurteilung wegen Unterschlagung dieses Betrags wurde aufgehoben. Wird Bargeld zur Sicherung künftiger Ersatzforderungen aus einem Vertragsverhältnis übergeben, so wird es vielfach der Verkehrsauffassung und dem Willen der Beteiligten entsprechen, daß der Empfänger unmittelbar Eigentümer des Geldes oder doch berechtigt wird, darüber zu verfügen; das wird insbesondere dann der Fall sein, wenn Geld unverwahrt übergeben und eine Verzinsung vereinbart wird. Dann liegt ein unregelmäßiges Pfandrecht vor, dessen Rechtsnatur im Einzelnen allerdings bestritten ist, dessen Wirkung aber zweifellos darin besteht, daß das Eigentum an dem zur Sicherheit gegebenen Geld auf den Empfänger übergeht und er nur die Verpflichtung hat, das Geld zurückzuzahlen, soweit es nicht zur Deckung der aus dem betreffenden Rechtsverhältnis erwachsenden Forderungen Verwendung findet. Auch wenn angenommen wurde, daß das Geld im Eigentum des Angestellten geblieben war, mußte der innere Tatbestand geprüft werden. Eine mißbräuchliche Übung im Gastwirtgewerbe hinsichtlich des Verbrauchs solcher Sicherheiten konnte für ein fehlendes Bewußtsein des Angeklagten von der Rechtswidrigkeit der Zueignung in Betracht kommen, wenn er den Mißbrauch nicht als solchen erkannt hatte. Jedenfalls war der Angeklagte berechtigt, wenn ihm eine Gegenforderung gegen den Angestellten zustand, sich aus dem übergebenen Geld Deckung zu verschaffen; das ist ja der Zweck solcher Kautionen. (II, 31. März 1930.)

Amtliche Sammlung S. 88—90.
Vgl. Bd. 22 S. 354.

34. Militärischer Vorgesetzter. Anzeigepflicht. Schweigepflicht. (StGB. § 346; MStGB. §§ 114, 116, 147a, 153; WehrG. § 34; StPO. § 444.) Der militärische Disziplinarvorgesetzte ist verpflichtet, die Staatsanwaltschaft zu benachrichtigen, wenn der Verdacht einer strafbaren Handlung vorliegt. Hat er eine solche Meldung unterlassen, so wird er nicht dadurch entschuldigt, daß das von anderer Stelle veranlaßte Strafverfahren erfolglos bleibt. Ein Rittmeister, gegen den eine Beschwerde eingelaufen war, äußerte gegenüber seiner Schwadron, wenn diese den Briefschreiber totschlage, werde er nichts sagen, auch wenn er Gefängnis dafür bekomme. Das Berufungsgericht legte diese Äußerung dahin aus, daß sie in versteckter Form die Aufforderung enthielt, den Beschwerdeführer zu mißhandeln. Das Reichsgericht bemerkte, daß diese Auslegung weitgehend erscheine, daß eine Nachprüfung in tatsächlicher Hinsicht aber nicht möglich sei. Ein Rechtsirrtum war nicht zu ersehen; der Umstand, daß die Aufforderung in versteckte Form gekleidet war, hatte keinen Belang. Bei einem Appell erklärte der Angeklagte, alles, was er bei solchen Gelegenheiten sage, sei geheim; er verbiete, darüber dem Staatsanwalt gegenüber auszusagen. Zu einer solchen Aufforderung war der Angeklagte berechtigt. Die Pflicht zur Amtsverschwiegenheit gilt auch den Behörden, selbst den Gerichten gegenüber; bei Vernehmungen über solche Dinge haben darum Personen des Soldatenstandes die Pflicht, die Aussage vorbehaltlich der Entscheidung der Vorgesetzten zu verweigern. (III, 31. März 1930.)

Amtliche Sammlung S. 91—95.
Vgl. RMG. Bd. 13 S. 199; Bd. 14 S. 175; Bd. 16 S. 93.

35. Urkundenfälschung. Rechtswidrige Absicht. (StGB. §§ 267, 270.) Eine Frau war beauftragt, Bestellungen für ein Geschäft aufzusuchen. Ein Mann, der sie über Nacht bei sich behalten wollte, versprach ihr, solche Bestellungen zu vermitteln; er veranlaßte dann zwei Personen, in Gegenwart der Frau Bestellscheine mit falschen Namen zu unterschreiben. Seine Verurteilung wegen Urkundenfälschung wurde aufgehoben. Allerdings machte er von den Bestellscheinen, wissend, daß sie falsch waren, der Frau gegenüber zum Zwecke der Täuschung Gebrauch, es war aber nicht nachgewiesen, daß das in rechtswidriger Absicht geschah. Dieses Tatbestandsmerkmal ist nicht schon dadurch erfüllt, daß der Täter von der Urkunde Gebrauch machte, um über ihre Echtheit zu täuschen; rechtswidrig ist die Absicht vielmehr nur dann, wenn die zu täuschende Person zu einem rechtlich erheblichen Verhalten bestimmt werden soll. Das wäre der Fall gewesen, wenn die Frau ermächtigt gewesen wäre, durch Entgegennahme der Bestellscheine die Verträge abzuschließen oder wenn die Absicht des Angeklagten darauf gerichtet gewesen wäre, daß sie die Bestellscheine ihrem Auftraggeber übermittle. Hiefür fehlte ein Nachweis. (III, 31. März 1930.) Amtliche Sammlung S. 95—97.
Vgl. Bd. 30 S. 43; Bd. 47 S. 199; Bd. 48 S. 238.

36. Urkundenfälschung. Kontrolluhr. (StGB. §§ 267, 268.) Ein Brieftaubenhalterverein veranstaltete einen Wettflug. Die Kontrolle über die Ankunft der Tauben wurde in der Weise geführt, daß diesen Gummiringe über den Fuß gezogen wurden, die bei der Rückkehr in besonders konstruierte, vom Verein geschlossene und plombierte Kontrolluhren zu stecken waren; durch das Einstecken wurde in der Uhr ein Mechanismus ausgelöst, der durch einen Stempelaufdruck die genaue Zeit angab. Ein Mitglied des Vereins öffnete ohne Verletzung der Plombe die Uhr, verstellte sie und führte dadurch falsche Zeitaufdrucke herbei; sein Versuch, auf diese Weise einen Preis zu erlangen, mißglückte. Die Verurteilung wegen schwerer Urkundenfälschung in Tateinheit mit Betrugsversuch wurde vom Reichsgericht nicht bestätigt. Es war nicht mit Sicherheit zu ersehen, ob dem Stempelabdruck die Eigenschaft einer Urkunde zukam. Ein Uhrwerk, das äußere, seinen Mechanismus in Mitleidenschaft ziehende Vorgänge auf einen Papierstreifen verzeichnet, liefert damit noch keine Urkunde im Rechtssinne; die von ihm hergestellte Aufzeichnung kommt nur für den Augenschein in Betracht, aus dem auf den verursachenden Vorgang geschlossen wird. Wäre die Kontrolluhr so eingerichtet und angebracht gewesen, daß die in den Schlag zurückkehrende Taube sie selbsttätig in Bewegung setzte, so hätte schon wegen des Fehlens jeder Beziehung des Vorganges zu einer ihn verursachenden Person von einem urkundlichen Beweismittel nicht gesprochen werden können. Aber auch dadurch, daß die Aufzeichnung der Urkunde durch menschliche Tätigkeit ausgelöst wurde, war noch nichts darüber entschieden, ob die Aufzeichnung urkundlicher Natur war oder bloß ein durch den Augenschein wirkendes Zeichen darstellte. Ein Uhrwerk, das die Treffer der Schützen auf einer Scheibe nach der Zeitfolge und Güte aufzeichnet, liefert damit noch keine Urkunde, obwohl die Aufzeichnungen des Apparats durch die einzelnen Schützen gerade zu dem Zweck herbeigeführt werden, um damit über die Leistungen einen Beweis zu erbringen. Von Menschen auf Stoff hergestellte Zeichen, die über eine Tatsache Aufschluß geben, sind nicht notwendig Urkunden; sie sind es nur, wenn der Hersteller mit ihnen eine Erklärung als von ihm herrührend abgibt und abgeben will. Es ist ein wesentlicher Unterschied, ob der Hersteller durch die Zeichen den Beschauer zu bestimmten Gedanken (Rückschlüssen, Feststellungen, z. B. über die Zeit der Einbringung des Gummiringes in die Uhr und die daraus zu ziehenden Folgerungen) veranlaßt oder ob er diese Gedanken als die seinen dem Beschauer mitteilt; hierin erst würde die Beurkundung liegen. Wenn die durch die Einbringung des Ringes in die Uhr bewirkte Stempelung des Papierstreifens nur durch ihr Dasein und ihre körperliche Beschaffenheit, also durch den Augenschein Beweis erbrachte, nicht aber eine Erklärung ihres Herstellers bedeuten sollte, daß gerade er und nicht irgendein anderer die Stempelung vorgenommen habe, lag eine Urkunde nicht vor. Aber selbst wenn es sich beim Zeitstempel um eine Urkunde im Rechtssinne handelte, stand der Verurteilung des Angeklagten das Bedenken entgegen, daß es sich in ihr nur um eine Versicherung des Angeklagten gegenüber dem Verein handelte; diese Erklärung wäre zwar inhaltlich unwahr, formell aber echt gewesen. Daran änderte auch der Umstand nichts, daß die vermeintliche Urkunde eine den Beteiligten (dem Verein und dem Angeklagten) gemeinsame gewesen wäre, d. h. daß beide Teile an ihrer Erhaltung und Unversehrtheit ein rechtliches Interesse gehabt hätten. Da es sich um Tateinheit handelte, mußte das Urteil in vollem Umfang aufgehoben werden, obwohl die Annahme eines Betrugsversuchs keinem Bedenken begegnete.

(III, 24. März 1930.) Amtliche Sammlung S. 97—101.

Vgl. Bd. 34 S. 435; Bd. 55 S. 107.

37. Staatsnotwehr. Übergesetzlicher Notstand. Gegenwärtiger Angriff. Irrtum. (StGB. §§ 53, 54, 59.) Ein ehemaliger Offizier ließ sich in die sogenannte Schwarze Reichswehr einreihen. Er war dort mit der Mannschaftsergänzung befaßt. In dieser Eigenschaft ließ er einen Mann, der sich zum Eintritt meldete und den er für einen Spion hielt, zunächst festnehmen und am folgenden Tag erschießen. Das Schwurgericht nahm an, daß er die Tötung für das einzige Mittel zur Abwehr eines gegen die militärische Sicherheit des Reiches gerichteten Angriff gehalten habe, daß er aber bei pflichtmäßiger Prüfung auch andere Abwehrmittel hätte finden können; es sprach ihn der fahrlässigen Tötung schuldig, stellte aber das Verfahren auf Grund des Gesetzes vom 14. Juli 1928 über Straffreiheit ein. Das Reichsgericht verwies die Sache zurück. Ob der getötete Mann während seines Aufenthalts in der Kaserne gelegentlich seiner Meldung zum Eintritt in die Schwarze Reichswehr militärische Geheimnisse auszuspionieren suchte, war für die Entscheidung der Frage, ob zur Zeit der Tötung ein gegenwärtiger rechtswidriger Angriff wenigstens nach der Vorstellung des Angeklagten vorlag, nicht verwertbar; zu dieser Zeit war die Erkundungstätigkeit nicht mehr ein gegenwärtiger, sondern ein der Vergangenheit angehöriger Angriff. Die Urteilsgründe ergaben auch nichts dafür, daß unter diesen zeitlichen und örtlichen Verhältnissen die Gefahr eines unmittelbar bevorstehenden Verrats der Geheimnisse gegeben war. Ein Irrtum in der Auslegung des Rechtsbegriffs der Gegenwärtigkeit des Angriffs konnte dem Angeklagten nicht zugute kommen, da es sich um irrtümliche Auslegung strafrechtlicher Vorschriften handelte. Er konnte sich auch nicht auf vermeintliche Notwehr berufen, wenn er glaubte, einem von ihm für die Zukunft befürchteten Geheimnisverrat durch eine von dem Strafgesetz an sich verbotene Handlung vorbeugen zu dürfen. Unter diesen Umständen konnte unerörtert bleiben, ob der einzelne Staatsbürger uneingeschränkt berechtigt ist, unter Ausschaltung der an sich zum Schutze des Staates berufenen Organe Notwehr zugunsten des Staates auszuüben. Auch die Berufung auf übergesetzlichen Notstand konnte dem Angeklagten nicht zugute kommen. Es konnte auf sich beruhen, ob dem einzelnen Staatsbürger nach dem geltenden Recht die Befugnis zuzubilligen ist, zur Abwendung der aus der Notlage des Staates drohenden Gefahren den Strafgesetzen entgegenzuhandeln; jedenfalls läßt sich eine Tat aus dem Gesichtspunkte des übergesetzlichen Notstandes nicht rechtfertigen, wenn der Täter nicht gewissenhaft geprüft hat, ob ein Widerstreit rechtlich geschützter Güter vorliegt, die nur durch Verletzung des einen Gutes geschützt werden kann. (III, 3. April 1930.)

Amtliche Sammlung S. 101—104.

Vgl. Bd. 62 S. 137.

38. Meineid. Strafermäßigung. (StGB. §§ 49a, 154, 157.) Ein Dienstmädchen, das sich krank fühlte, wandte sich an einen Heilkundigen um Hilfe. Dieser stellte Schwangerschaft fest und erbot sich zu deren Beseitigung gegen Entgelt. Das Anerbieten wurde nicht angenommen. In dem Rechtsstreit über den Unterhalt für das Kind wurde der Heilkundige als Zeuge vernommen, wann er die Schwangerschaft festgestellt hatte und in welchem Monat das Mädchen damals schwanger war. Er sagte hierüber wahrheitsgemäß aus; die Frage des Richters, ob er Frauenarzt sei, bejahte er, obwohl er sich mangels einer Approbation nicht als Arzt bezeichnen durfte. Er wurde wegen Meineids verurteilt; Strafermäßigung war ihm versagt. Das Reichsgericht verwies die Sache zurück. Die Strafermäßigung ist auch zu gewähren, wenn die Angabe der Wahrheit zu dem Verdacht einer vorangegangenen strafbaren Handlung, ohne ihn allein hervorzurufen, doch wesentlich beitragen konnte; aber stets ist zu fordern, daß die wahrheitsgemäße Aussage irgendwie als eine Einräumung gegen den Schwörenden verwendet werden kann, daß sie unmittelbar geeignet ist, ihn in den Verdacht, daß er ein Verbrechen oder Vergehen verübt habe, neu zu versetzen oder noch enger zu verstricken. Hat dagegen der Schwörende, während eine solche unmittelbare Gefährlichkeit des Bekenntnisses der Wahrheit fehlt, lediglich zu erwarten, daß eine Person, der die Angabe der Wahrheit lästig oder ärgerlich ist, dem Schwörenden, wenn er wahrheitsgemäß aussagt, ein Übel zufügen werde, so sind die Voraussetzungen der Strafermäßigung nicht erfüllt. Das gilt auch dann, wenn das drohende Übel in einer Anzeige besteht, die den Schwörenden einer Verfolgung wegen eines Verbrechens oder Vergehens preisgibt. Die Revision machte geltend, wenn der Angeklagte sich nicht der Wahrheit zuwider als Frauenarzt ausgegeben hätte, hätte der Richter Anlaß zu der Vermutung gehabt, daß die Untersuchung der Schwangeren durch einen Nichtarzt auf eine Abtreibung hingezielt hätte; die Bekundung der Wahrheit, daß er nicht Frauenarzt sei, konnte aber den Verdacht, daß der Angeklagte sich des Anerbietens der Abtreibung schuldig gemacht habe, keineswegs hervorrufen. Die Zurückverweisung erfolgte zum Zwecke der Prüfung, ob dem Angeklagten bei

Angabe der Wahrheit die Gefahr einer Strafverfolgung wegen der von ihm begangenen strafbaren Handlung (Erbieten zur Abtreibung) drohte. (II, 3. April 1930.)

Amtliche Sammlung S. 104—106.

Vgl. Bd. 62 S. 192.

39. Strafantrag. Auslegung. Ergänzung. (StGB. § 61; StPO. § 158.) Mehrere Mädchen waren durch unzüchtige Zumutungen beleidigt worden. Die polizeiliche Fürsorgerin veranlaßte die Eltern, Strafantrag zu stellen, und erstattete Anzeige; die Strafanträge waren in einem eingehefteten Umschlag beigelegt. Sie enthielten lediglich den Wortlaut: „Hiemit stelle ich Strafantrag"; außerdem das Datum (bei dem in einigen Fällen der unrichtige Vordruck 1926 und 1928 stehen blieb) und die Unterschrift. Das Reichsgericht erklärte die Strafanträge für ausreichend. In dem Erfordernis der Schriftlichkeit liegt nichts weiter als daß sich, neben dem Inhalt der Erklärung, die abgegeben werden soll, die Person, von der sie ausgeht, aus dem Schriftstück ergibt. Für den Inhalt genügt, daß in der Erklärung das Begehren eines strafrichterlichen Einschreitens wegen einer bestimmten Handlung erkennbar zum Ausdruck gebracht wird, wobei davon auszugehen ist, daß es sich um eine auslegungsfähige Willenserklärung handelt und daß nach allgemeiner Auslegungsregel der Sinn der Kundgebung sich nicht notwendig unter Ausschluß jedweder außerhalb der Kundgebung liegender Tatsachen aus ihr allein zu ergeben braucht. Die Notwendigkeit der Heranziehung solcher Tatsachen für die Bedeutung einer Erklärung kann sich aus einer in ihr enthaltenen ausdrücklichen Bezugnahme darauf oder aber aus den Umständen des Falles ergeben; Voraussetzung ist lediglich, daß ein solcher Zusammenhang und seine Bedeutung für die Auslegung eindeutig und zwingend zutage tritt. Das traf hier zu; es stand außer Zweifel, daß die gesetzlichen Vertreter der verletzten Mädchen mit ihren Strafanträgen auf die Verfolgung der zur Untersuchung stehenden Straftat abgezielt hatten. Belanglos waren auch die falschen Daten, da es sich dabei nur um Schreibversehen handelte. (III, 7. April 1930.) Amtliche Sammlung S. 106—108.

Vgl. Bd. 62 S. 53, 262.

40. Widernatürliche Unzucht. Vorsatz. Geldstrafe. (StGB. §§ 27b, 175.) Die Verurteilung wegen widernatürlicher Unzucht wurde aufgehoben, weil gegen das Vorliegen des inneren Tatbestandes Bedenken vorlagen. Auch bei dem, der sich zur widernatürlichen Unzucht nur hergibt, ist vorausgesetzt, daß er die

beischlafsähnlichen Handlungen des tätigen Teilnehmers mindestens bewußt und gewollt duldet. Das Berufungsgericht hatte zwar angenommen, daß der Angeklagte mit der Handlung nicht einverstanden war, daß aber doch von unwiderstehlicher Gewalt seitens des anderen Teiles nicht die Rede sein könne. Hiernach bestand die Möglichkeit, daß der Angeklagte sich zwar nicht so heftig wehrte, wie er konnte, daß also die unzüchtigen Handlungen an ihm nicht mit Gewalt vorgenommen wurden, daß er aber doch den Willen hatte, sie nicht zu dulden. War das der Fall oder war wenigstens nicht zu erweisen, daß der Angeklagte schließlich aus freien Stücken sich zu der Handlung hergab, so fehlte die Feststellung der zu seiner Bestrafung erforderlichen vorsätzlichen Mitwirkung zu der widernatürlichen Unzucht. Es war eine Freiheitsstrafe mit der Begründung ausgesprochen worden, daß durch eine Geldstrafe die notwendige erziehliche Wirkung nicht erreicht würde. Das verstieß nicht gegen das Gesetz; wenn auch nur ein Teil des Strafzweckes nicht ohne Verhängung einer Freiheitsstrafe erreicht werden kann, ist diese Verhängung gerechtfertigt. (II, 20. April 1930.) Amtliche Sammlung S. 108—110.
Vgl. Bd. 61 S. 417.

41. Kuppelei. Vermittlung. Bordellartiger Betrieb. (StGB. § 180.) Eine ehemalige Dirne vermietete ihr Haus an Dirnen in der Hoffnung, daß diese sich dort auch zu Unzuchtszwecken aufhalten würden. Das genügte, um einen bordellartigen Betrieb für gegeben anzunehmen. Hiefür ist wesentlich, daß der Haus- oder Wohnungsinhaber in einer nach außen erkennbaren Weise in Unterhaltung eines gewissen Gesamtbetriebes mehreren bei ihm sich zum Zwecke des gewerbsmäßigen Unzuchttreibens an Ort und Stelle bereit haltenden Personen nicht nur vorübergehend und gelegentlich, sondern für eine gewisse Zeitdauer regelmäßig in einer über das bloße Wohnunggeben hinausgehenden Weise zur Förderung des Unzuchttreibens behilflich ist und hiebei gewohnheitsmäßig handelt. Ob er an den Erträgnissen des Unzuchttreibens beteiligt ist, entscheidet nicht; ebenso ist eine wirtschaftliche Abhängigkeit der Dirnen vom Unternehmer oder eine Verpflichtung, nicht auch außerhalb des Hauses Unzucht zu treiben, für den Begriff des bordellartigen Betriebs (im Gegensatz zu dem des Bordellbetriebs) nicht erforderlich. Ebenso war der Tatbestand der Vermittlung einwandfrei nachgewiesen. Die Angeklagte hatte den Dirnen, die in ihrem Hause wohnten, einen gemeinschaftlichen Empfangsraum zur Verfügung gestellt, worin die Freier ihre Auswahl treffen konnten; sie war selbst in diesem Empfangsraum häufig anwesend und erleichterte hierdurch sowie durch Zechereien, an denen sie sich selbst beteiligte, den Dirnen die Anknüpfung mit den Besuchern. Daß die Besucher von vorneherein zu unzüchtigem Verkehr im allgemeinen bereit waren, stand der Annahme der Vermittlung nicht entgegen. Die Wohnunggeber von Dirnen sollen allerdings nicht schon wegen des Vermietens an diese strafbar sein; nicht aber wollte der Gesetzgeber jene schützen, die den bei ihnen wohnenden Dirnen Freier zuführen oder auf ähnliche Weise den unzüchtigen Verkehr durch ihre Vermittlung fördern. (II, 10. April 1930.)

Amtliche Sammlung S. 110—113.

Vgl. Bd. 62 S. 339, 341.

42. Hypnose. Gewalt. Gesundheitsbeschädigung. Freiheitsberaubung. Obergutachten. (StGB. §§ 176, 177, 223, 239.) Ein Hypnotiseur versetzte eine Frau in einen willenlosen Zustand und nahm dann unzüchtige Handlungen an ihr vor. Sie erwachte plötzlich und erschrak heftig; in der Folgezeit litt sie an Schlaflosigkeit, Niedergeschlagenheit, Kopfschmerzen und Weinkrämpfen. Die Verurteilung wegen unzüchtiger, mit Gewalt vorgenommener Handlungen war vom Berufungsgericht abgelehnt worden; das Reichsgericht billigte diese Auffassung. Der Zustand der Willenseinschränkung und Widerstandslosigkeit, in dem sich die Frau zur Zeit der Tat befand, war von dem Angeklagten herbeigeführt worden, um sich an ihr in diesem Zustand unzüchtig vergreifen zu können; der Tatbestand der Gewalt war aber nicht erwiesen. Gewalt ist die unter Anwendung körperlicher Kraft erfolgende Einwirkung auf einen anderen zur Beseitigung eines tatsächlich geleisteteten oder bestimmt erwarteten Widerstands. Die Einwirkung braucht keine unmittelbare zu sein; es genügt, wenn die Anwendung körperlicher Kraft wenigstens mittelbar als Gewalteinwirkung empfunden wird. In diesem Fall ist allerdings die Einwirkung in gewissem Sinn eine seelische; aber der Unterschied von einer rein seelischen Einwirkung, besonders durch Drohung, besteht gerade in dem Mittel, durch das eingewirkt wird, nämlich in der körperlichen Kraftentfaltung. Auch daraus, daß im Tatbestand der Notzucht neben der Gewalt und der Drohung mit gegenwärtiger Gefahr für Leib oder Leben als Mittel der Nötigung die Versetzung der Frauensperson in einen willenlosen oder bewußtlosen Zustand angeführt wird, ergibt sich notwendig, daß dieses Versetzen in einen willenlosen oder bewußtlosen Zustand nicht als Gewalt gelten kann. Daraus folgt weiter, daß nur die mindestens bis zum Versuch gediehene Beischlafsvollziehung an einer willenslosen oder bewußtlosen Frauensperson, nicht aber die Vornahme anderer Unzuchtshandlungen an ihr strafbar ist, selbst wenn der Täter sie zu diesem Zweck willenlos oder bewußtlos gemacht hat. Auch der Tatbestand einer Freiheitsberaubung wurde nicht für gegeben erachtet. Ob das Versetzen in einen hypnotischen Zustand, besonders wenn dabei eine unmittelbare körperliche Einwirkung stattfindet, als Gewaltanwendung anzusehen ist, blieb dahingestellt, da nicht nachgewiesen war, daß die Frau in einen solchen Zustand versetzt wurde. Dagegen wurde die Verurteilung wegen Körperverletzung in Tateinheit mit Beleidigung gebilligt. Durch das Vorgehen des Angeklagten wurde in der Frau durch Störung von Lebensfunktionen ein pathologischer, nur durch ein Heilverfahren wieder zu beseitigender Zustand, also ein Krankheitszustand, verursacht; der Tatbestand der Gesundheitsschädigung war also gegeben. Hiefür genügt allerdings eine nur psychische Einwirkung nicht, durch die lediglich das seelische Wohlbefinden berührt wird; wenn aber eine psychische Einwirkung eine innere Lebensfunktion stört und das körperliche Wohlbefinden beeinträchtigt, wenn insbesondere die die sinnlichen Eindrücke vermittelnden Nerven in einen krankhaften, also nicht nur vorübergehend gereizten Zustand versetzt werden, dann ist die Gesundheit beschädigt. Eine solche Wirkung kann auch durch das Versetzen in Willenlosigkeit eintreten. Nach der Feststellung des Berufungsgerichts war sich der Angeklagte bei seiner Vorbildung als erfahrener Hypnotiseur und Seelenkenner bewußt, daß derartige Willensbeeinflussungen, verbunden mit Eingriffen gegen Ehre und den Körper der Frau, schädliche Folgen haben können und daß es vor allem zu schweren seelischen Erschütterungen und Gemütsstörungen kommen kann, wenn die Frau aus ihrem willenlosen Zustand plötzlich erwacht und ihre Lage erkennt; er hatte diesen Erfolg auch für den Fall, daß er eintreten sollte, gebilligt. Damit war das Vorliegen eines bedingten Vorsatzes einwandfrei dargetan. Der Angeklagte hatte gegenüber den Gutachten von vier Sachverständigen die Einholung eines Obergutachtens darüber beantragt, daß es nicht möglich sei, die Frau in einen Zustand der Tiefhypnose, verbunden mit Willenlosigkeit oder Bewußtlosigkeit, oder in einen anderen Zustand ähnlicher Art zu versetzen. Das Berufungsgericht hatte den Antrag abgelehnt, weil von den vier Gutachten zwei sich für völlige Willenlosigkeit, das dritte für Einschränkung der Willensfreiheit aussprachen, das vierte lediglich das Vorliegen von Hypnose verneinte. Nach der Einholung von Gutachten steht es auch dann, wenn es sich um schwierige, nur auf Grund fachwissenschaftlicher Kenntnisse zu beantwortenden Fragen handelt, im Ermessen des Gerichts, ob es noch weitere Aufklärung für erforderlich hält. An die Anträge des Angeklagten ist es in solchen Fällen nicht gebunden; durch die Ablehnung wird die Verteidigung nicht unzulässig beschränkt. (II, 2. Dezember 1929.)

Amtliche Sammlung S. 113—121.
Vgl. Bd. 2 S. 287; Bd. 32 S. 113; Bd. 48 S. 346; Bd. 56 S. 88; Bd. 60 S. 157.

43. Gotteslästerung. Beschimpfung. Äußerung. Künstlerische Form. (StGB. § 166.) Auf einem Bilde war Christus am Kreuz mit einer Gasmaske vor dem Gesicht und mit Soldatenstiefeln an den Füßen dargestellt. Das Berufungsgericht hatte den Tatbestand der Gotteslästerung deshalb verneint, weil bildliche Darstellungen nicht unter den Begriff von Äußerungen fielen. Dieser Auffassung trat das Reichsgericht nicht bei. Unter Äußerung ist ganz allgemein eine Kundgebung von Gedanken nach außen hin im Gegensatz zu dem Beisichbehalten zu verstehen; solche Kundgebungen sind, ebenso wie durch Sprache und Schrift, auch durch bildliche Darstellungen möglich. Daß auch eine Lästerung Christi unter den Begriff der Gotteslästerung fällt, ist anerkannte Rechtsprechung. Voraussetzung einer Verurteilung war aber, daß unter dem mindestens bedingten Einverständnis des Malers beim unbefangenen Beobachter der Eindruck erweckt wurde, als solle dadurch die Person Christi an sich, ihrem Wesen nach, gekennzeichnet und herabgewürdigt werden. Sollte dagegen die Darstellung nur die Meinung hervorrufen, das hätte die Kirche oder hätten ihre berufenen Vertreter aus Christus gemacht, so würde der Tatbestand der Gotteslästerung nicht gegeben sein. Das Berufungsgericht hatte weiter angenommen, daß durch das Bild kirchliche Einrichtungen und Gebräuche (Predigtamt, Priestertum, Christusverehrung) betroffen werden könnten, hatte aber verneint, daß dies in beschimpfender Weise geschehen sei. Eine Kundgebung ist beschimpfend, wenn sie die Mißachtung in roher, besonders verletzender Form zum Ausdruck bringt; das ist im wesentlichen Tatfrage und insoweit der Nachprüfung des Revisionsgerichts entzogen. Voraussetzung hiefür ist aber, daß die Betrachtungsweise, von der der Tatrichter ausgegangen war, rechtlich einwandfrei ist. Das traf nicht zu. Das Berufungsgericht war davon ausgegangen, daß der Künstler darstellen wollte, wie durch kriegshetzerische Kirchenvertreter die christliche Lehre in das Gegenteil verkehrt und dadurch herabgewürdigt werde. Für die Feststellung des äußeren Tatbestandes kam es aber nicht darauf an, welche Zwecke der Angeklagte verfolgte, sondern darauf, ob er die Angehörigen einer der christlichen Kirchen in ihren religiösen Empfindungen durch eine rohe Beschimpfung ihrer Einrichtungen und Gebräuche verletzte. Allerdings kommt nicht der Eindruck des bloß flüchtigen Beschauers in Betracht; anderseits würde es aber zu weit gehen, als maßgebend nur solche Beschauer anzusehen, die mit Verständnis die künstlerischen Absichten zu ergründen und nachempfindend sie aus dem Kunstwerk herauszulösen vermögen. Nach dem Gesetz, das das religiöse Gefühl der gläubigen Anhänger der Religionsgesellschaft zu schützen bestimmt ist, kommt es darauf an, welche Wirkungen bei ihren überzeugten Anhängern die vom Angeklagten gewählte entstellende Art der Darstellung ihres höchsten Symbols, des leidenden und sterbenden Christus am Kreuz, hervorzurufen geeignet war und hervorrief, ob durch dieses Bild das religiöse Gefühl solcher Mitglieder der christlichen Kirchen verletzt wurde, die sich ebenso von übergroßer Reizbarkeit wie von Gleichgültigkeit fernhielten. Das Gesetz will auch das schlichte Gefühl des einfachen, religiös gesinnten Menschen schützen, der das Bild unbefangen anschaut und die sinnlichen Wahrnehmungen in sich aufnimmt. Das gilt besonders für den Fall, daß der Künstler sein Werk nicht für einen beschränkten Kreis von Kunstkennern bestimmt hat, sondern, weil er mit ihm eine bestimmte Tendenz verfolgt, auf eine möglichst große Masse wirken und es deshalb auch in möglichst weiten Kreisen der Bevölkerung verbreiten will. Eine sachliche Kritik, die sich von einer Beschimpfung fernhält, ist auch dann nicht strafbar, wenn sie nicht nur Mißbräuche geißelt, sondern sich auch mit den christlichen Kirchen oder den Religionsgesellschaften oder deren Gebräuchen oder Einrichtungen in einer Weise befaßt, die dem religiösen Gefühl von Anhängern der Religionsgesellschaften zuwiderläuft; sobald aber die Kritik zu scharf wird, daß sie zu einer Beschimpfung ausartet, ist sie strafbar. Der Tatbestand der Beschimpfung ist auch erfüllt, wenn die Mißachtung in der Form der Behauptung einer an sich schimpflichen Tatsache Ausdruck findet. Bei einer bildlichen Darstellung ist das auch in der Weise möglich, daß die den Gegenstand der Verehrung bildende göttliche Gestalt in einer schimpflichen Lage oder in einer schimpflichen Tätigkeit oder so abgebildet wird, daß eine in der religiösen Kunst übliche Darstellung durch Abänderungen einen das religiöse Gefühl abstoßenden Inhalt erhält. Je heiliger und verehrungswürdiger ein Gegenstand für andere ist, um so leichter wird deren religiöses Gefühl verletzt. Christus am Kreuz bedeutet für die ganze Christenheit ihr höchstes Symbol; mit Rücksicht hierauf hätte besonders geprüft werden müssen, ob eine entstellende Darstellung, ein Mißbrauch in der Benutzung dieses Symbols, nicht von gläubigen Christen als eine besonders rohe Form der Mißachtung empfunden werden mußte. Für künstlerische Darstellungen gilt hier keine weitere Grenze; für sie müssen dieselben Grenzen angewendet werden, die für wissenschaftliche Arbeiten ausgesprochen sind. Kunst und Wissenschaft hat Bedeutung für das Kulturleben einer Nation und dessen Fortentwicklung; es kann ihnen aber kein Vorrang vor anderen Betätigungen des Kulturlebens eingeräumt werden und ihre Ausübung muß an der Grenze halt machen, die durch besondere, diesen anderen Kulturbetätigungen gesetzlich gewährleistetete Schutzmaßnahmen gebildet wird. Deshalb dürfen auch Künstler die Schranken nicht überschreiten, die zum Schutze des religiösen Gefühls errichtet sind. Umsomehr muß das gelten, wenn es sich um Werke handelt, die nicht rein künstlerischen Zwecken zu dienen bestimmt und geeignet sind, vielmehr eine bestimmte Tendenz verfolgen. Dadurch, daß die Absicht des Angeklagten einzig und allein auf die Kriegsbekämpfung und im Zusammenhang damit auf Geißelung der Auswüchse der Kirche in Gestalt kriegshetzender Vertreter gerichtet war, wurde sein unbedingter Vorsatz nicht ohne weiteres ausgeschlossen; der Angeklagte konnte sich mit vollem Bewußtsein zur Erreichung dieses Zweckes einer bestimmten Ausdrucksform bedienen oder einen schimpflichen Inhalt wiedergeben. Der innere Tatbestand war erfüllt, wenn der Angeklagte in dem Bewußtsein handelte, daß die gläubigen Angehörigen der christlichen Kirchen die Abbildung auf Christus, auf seinen Erlösertod, auf das Predigtamt und auf die Verkündung des Wortes Gottes beziehen und durch die rohe Form der Darstellung in ihren religiösen Empfindungen gekränkt werden würden. Die Sache wurde zurückverwiesen. (II 27. Februar 1930.)

Amtliche Sammlung S. 121—130.

Vgl. Bd. 28 S. 403; Bd. 31 S. 305; Bd. 61 S. 151; RMG. Bd. 10 S. 3.

44. Versuch. Beginn der Ausführung. Hehlerei. (StGB. §§ 43, 259, 260, 263.) An einen Angestellten einer Druckerei, in der die Fahrscheinhefte für die städtische Straßenbahn hergestellt wurden, richtete ein Mann das Ersuchen, ihm solche Fahrscheinhefte gegen Zahlung eines Drittels des Preises zu verschaffen.

Der Angestellte ging zum Schein auf das Angebot ein, verständigte aber seinen Geschäftsherrn davon. Dieser gab ihm ein Paket mit unbedruckten Blocks zur Zusendung an den Besteller, der die Hefte als echte an das Publikum verkaufen wollte. Dieser Tatbestand rechtfertigte nicht die Verurteilung wegen versuchten Betrugs. Da der Betrug eine Täuschung voraussetzt, muß für den versuchten Betrug gefordert werden, daß wenigstens eine auf Täuschung abzielende Handlung vorgenommen wird; erst dann ist ein Anfang der Ausführung gegeben. Solche Handlungen waren im vorliegenden Fall erst für die Zukunft geplant. Dagegen war zu Unrecht die Verurteilung wegen versuchter Hehlerei mit der Begründung abgelehnt worden, daß es an einer strafbaren Vortat fehle; es lag immerhin ein untauglicher Versuch vor, der nach ständiger Rechtsprechung des Reichsgerichts strafbar ist. Der Angeklagte wollte den Tatbestand der Hehlerei verwirklichen; der Erfolg blieb aber hinter dem Vorsatz zurück, weil der wirklichen Tat ein von seinem Vorsatz umfaßtes Tatbestandsmerkmal, die Erlangung der Sachen durch eine strafbare Handlung, mangelte. Hier lag eine Ausführungshandlung vor, die nicht zum Ziele führte. Der Wille des Angeklagten war auf einen wirklich, nicht nur vermeintlich verbotenen Erfolg gerichtet; das Verbot bestand nicht nur im Wahn des Angeklagten. (IV, 25. März 1930.) Amtliche Sammlung S. 130—132.
Vgl. Bd. 42 S. 93; Bd. 52 S. 197.

45. Beschränkung der Verteidigung. Reihenfolge der Worterteilung. (StPO. § 326.) Der Angeklagte legte gegen das Urteil des Schöffengerichts Berufung ein. Zum Schluß der Berufungsverhandlung erhielt zuerst der Staatsanwalt, dann der Angeklagte das Wort. Die hierauf gestützte Revision hatte keinen Erfolg. Die Vorschrift, daß in der Berufungsverhandlung nach dem Schluß der Beweisaufnahme zuerst der Beschwerdeführer zu hören ist, beruht nur auf Erwägungen der Zweckmäßigkeit; von irgendwelcher Bedeutung für die Verteidigung des Angeklagten ist sie nicht. Wesentlich ist nur, daß der Angeklagte das letzte Wort erhält. Das war hier eingehalten. (II, 14. April 1930.) Amtliche Sammlung S. 133—134.
Vgl. Bd. 53 S. 176; Bd. 60 S. 179.

46. Preßvergehen. Interessenwahrung. Verantwortlicher Schriftleiter. (StGB. § 193; PreßG. § 21.) § 21 PreßG. erfordert regelmäßig nur, daß der Inhalt der Druckschrift den äußeren Tatbestand einer strafbaren Handlung begründet; auf die persönliche Seite der strafbaren Handlung kommt es so wenig an, daß weder schuld- noch strafrechtliche Ausschließungsgründe, die dem Verfasser der Veröffentlichung zur Seite stehen, die Verfolgung aus dieser Vorschrift hindern. Bei der Vorschrift des § 193 StGB. handelt es sich zwar um einen die Widerrechtlichkeit ausschließenden Rechtfertigungsgrund; indessen steht auch insoweit nur ein persönlicher Rechtfertigungsgrund in Frage, der nach dem persönlichen Verhältnis jeden einzelnen Täters zu der in Betracht kommenden Angelegenheit und seiner Willensrichtung zu entscheiden ist und den Tatbestand der strafbaren Handlung nach § 21 PreßG. im dargelegten Sinne unberührt läßt. Der Umstand, daß dem unbekannten Verfasser der Veröffentlichung möglicherweise der Schutz des § 193 StGB. zur Seite stünde, schließt daher die Bestrafung des verantwortlichen Schriftleiters für die Veröffentlichung nicht aus. Auch für sich selbst konnte der Angeklagte sich nicht auf den Schutz des § 193 StGB. berufen; mit der Vorschrift des § 21 PreßG. ist ein besonderes, dem Pressegewerbe eigentümliches Fahrlässigkeitsvergehen geschaffen, das die Anwendung der den äußeren Tatbestand einer Beleidigung voraussetzenden Vorschrift des § 193 StGB. begrifflich ausschließt. (II, 28. April 1930.)

Amtliche Sammlung S. 134—136.

Vgl. Bd. 5 S. 354; Bd. 13 S. 319; Bd. 23 S. 151; Bd. 26 S. 18; Bd. 29 S. 143; Bd. 59 S. 181; Bd. 62 S. 83.

47. **Falschbeurkundung.** (StGB. § 348.) Ein Fleischbeschauer pflegte an den zur Trichinenschau vorgelegten Schweinekörpern den amtlichen Stempel schon vor der Untersuchung aufzudrücken; mit den Fleischern hatte er vereinbart, daß diese das Fleisch erst nach Ablauf einer bestimmten Zeit, die er für die Untersuchung nötig hatte, verarbeiten oder verkaufen durften. Er wurde von der Anklage einer Falschbeurkundung im Amte freigesprochen. Das Reichsgericht verwies die Sache zurück. Daß die Aufdrückung des Stempels eine Beurkundung im Sinne des § 348 bildete, stand außer Zweifel. Die Freisprechung war damit begründet worden, daß der Angeklagte angenommen habe, es handle sich nur um die Vorbereitung einer Urkunde, da er im Falle der Entdeckung von Trichinen in der Lage gewesen wäre, die Stempel wieder zu entfernen. Der Beamte, der vor der Vornahme einer Amtshandlung eine Urkunde anfertigt, in der er den Vorgang als geschehen niederlegt, verfehlt sich solange nicht gegen das Gesetz, als er die Urkunde nicht aus der Hand gibt, sondern in einer Weise im eigenen Gewahrsam behält, daß durch die Sachlage sein Wille unverkennbar ist. Ein Sachverhalt dieser

Art kann unter Umständen auch dann noch vorliegen, wenn der Beamte eine solche Urkunde einem anderen zur einstweiligen Verwahrung übergibt, soferne er auf dessen Zuverlässigkeit vertrauen kann. Im gegebenen Fall wäre eine solche Sachlage denkbar gewesen, wenn das vom Angeklagten im voraus abgestempelte Fleisch innerhalb der Geschäftsräume des Fleischers in einem verschließbaren Behältnis verwahrt worden wäre und der Angeklagte den einzigen Schlüssel dazu mitgenommen hätte mit der Weisung, den Schlüssel nach einer bestimmten Zeit, die er zur Vornahme der Trichinenschau nötig hatte, abholen zu lassen. Immer aber muß, um entgegen dem äußeren Schein eine bloße Vorbereitung annehmen zu können, die Sachlage so sein, daß die Urkunde zunächst bestimmt zur ausschließlichen Verfügung des Beamten bleibt. Eine solche Sachlage konnte aber hier nicht angenommen werden. Die Gefahr einer vorzeitigen Benutzung des abgestempelten Fleisches war nicht ausgeschlossen und so war der Stempel und die in ihm liegende Urkunde gegenüber dem Verkehr schon in die Erscheinung getreten. Ein Gebrauchmachen ist im § 348 StGB. nicht verlangt. Die Zurückverweisung erfolgte zum Zwecke neuer Prüfung des inneren Tatbestandes.
(I, 29. April 1930.) Amtliche Sammlung S. 136—138.
Vgl. Bd. 9 S. 217; Bd. 11 S. 259; Bd. 19 S. 244; Bd. 38 S. 349; Bd. 53 S. 165.

48. **Konkurs. Beiseiteschaffen. Verheimlichen.** (StGB. § 259; KO. § 239.) Ein Schuhwarenhändler geriet in Vermögensverfall. Es wurden zahlreiche Zwangsvollstreckungen bei ihm vorgenommen. Damit nicht auch noch das Inventar und Warenlager gepfändet würde, meldete er sein Geschäft auf seine Ehefrau um und wies diese an, dem Gerichtsvollzieher, wenn er wieder pfänden wollte, zu erklären, daß sie das Geschäft gekauft habe. Tatsächlich war nicht einmal ein Scheinkauf abgeschlossen worden. Die Frau handelte der Weisung entsprechend; demzufolge nahm der Gerichtsvollzieher wiederholt von Pfändungen Abstand. Nach Eröffnung des Konkurses erfolgte Verurteilung wegen Vortäuschung erdichteter Geschäfte und Beiseiteschaffen von Waren. Das Reichsgericht bestätigte das Urteil. Ein Beiseiteschaffen von Waren war allerdings nicht erwiesen. Beiseite geschafft ist eine Sache erst, wenn sie aus ihrer bisherigen Lage in eine andere Lage versetzt wird. Im gegebenen Fall hatte sich aber die rechtliche und tatsächliche Lage des Warenlagers und des Inventars in keiner Weise geändert; die gewerbeamtliche Ummeldung reichte nicht aus, um den gesetzlichen Tatbestand zu verwirklichen.

Dagegen war das Tatbestandsmerkmal des Verheimlichens von Vermögensstücken erfüllt. Darunter ist jede Veranstaltung zu verstehen, durch die das Vorhandensein eines Vermögensstückes, das der Vollstreckung unterliegt, oder seine Zugehörigkeit zur Masse der Kenntnis des Konkursverwalters, der Gläubiger oder des Vollstreckungsbeamten und damit dem Zugriff entzogen wird. Der Begriff ist im § 239 KO. anders aufzufassen als im § 259 StGB. Eine durch eine strafbare Handlung erlangte Sache, die beim Hehler aufgefunden wird, kann durch irreführende Angaben über Eigentums- und andere Rechtsverhältnisse nicht mehr verheimlicht werden. Das ergibt sich aus der Zweckbestimmung der Vorschrift. Es handelt sich hier um bestimmte Sachen, die Gegenstand einer Straftat gewesen sind und die nach ihrer Auffindung durch eine Beschlagnahme gesichert werden können; die Behauptung des Eigentums oder eines sonstigen Rechts vermag in der Regel die Auffindung nicht in Frage zu stellen. Im Konkurs dagegen ist eine rechtliche Eigenschaft, die Zugehörigkeit zur Masse, wesentlich, wofür durch die körperliche Wahrnehmbarkeit der Sache, ihre Auffindung im natürlichen Sinne, vielfach nichts gewonnen ist. Hier kann das Verheimlichen nicht nur durch eine Veranstaltung körperlicher Art, durch ein Verbergen begangen werden, sondern es kann auch in einer Veranstaltung rechtlicher Art, in der Behauptung eines den Zugriff verhindernden Rechtsverhältnisses bestehen. (I, 2. Mai 1930.) Amtliche Sammlung S. 138—141.

49. Branntweinmonopol. Werterſatz. Vermutung. (Brannt.-MonG. §§ 120, 122, 124, 128.) Wenn nicht festgestellt werden kann, wie lange die unbefugte Benutzung einer Brennvorrichtung gedauert hat, wird nach § 122 BranntwMonG. angenommen, daß sie drei Monate gedauert hat und daß während dieser Zeit die Benutzung bei unausgesetztem Betrieb und unter Ausnutzung der vollen Leistungsfähigkeit stattgefunden hat. Diese Vermutung ist auch bei der Berechnung des Werterſatzes maßgebend. Anders liegt die Sache, wenn die Vermutung widerlegt und die Strafe nach § 124 BranntwMonG. zu bestimmen ist; da in einem solchen Fall die Menge widerrechtlich gewonnenen Branntweins im Wege einer Schätzung nicht zu ermitteln ist, ist statt des Wertersatzes auf die Bezahlung einer Geldsumme zu erkennen. (I, 2. Mai 1930.) Amtliche Sammlung S. 142—143.

Vgl. Bd. 63 S. 284.

50. Tötung im Zweikampf. (StGB. § 206.) Eine an sich geringfügige Wunde, die im Zweikampf zugefügt worden war, entzündete sich dadurch, daß der Verletzte wiederholt mit ungewaschenen Händen in sie griff; es stellte sich Wundrose ein und der Verletzte starb. Das Schöffengericht hielt an sich den Tatbestand der Tötung im Zweikampf gegeben, lehnte aber eine Verurteilung ab, weil der ursächliche Zusammenhang durch das eigene Handeln des Verletzten unterbrochen worden sei. Das Reichsgericht bestätigte das Urteil, erklärte aber die Begründung nicht für zutreffend. Es ließ dahingestellt, ob der nach Abschluß des Zweikampfes, vielleicht erst längere Zeit nachher erfolgte Tod noch die Annahme einer Tötung im Zweikampf zuläßt und ob sich eine solche Annahme rechtfertigen läßt, wenn eine an sich ungefährliche Verletzung nur infolge eines ungünstigen Zufalls tödlich verläuft; aber dem Sprachgebrauch widerspricht es jedenfalls, eine Tötung im Zweikampf auch dann anzunehmen, wenn die im Zweikampf beigebrachte Wunde nur dadurch zum Tod führt, daß der Verletzte oder ein Dritter in fahrlässiger oder gar vorsätzlicher Weise in den Heilverlauf eingreift. Der Umstand, daß der Zweikampf ein Kampf mit tödlichen Waffen ist, spricht nachdrücklich dafür, daß der Gesetzgeber bei der Tötung im Zweikampf den Erfolg im Auge hatte, der aus der Zweikampfwunde für sich hervorgeht und nicht erst durch das Eingreifen eines fahrlässig oder vorsätzlich Handelnden herbeigeführt wird. (I, 6. Mai 1930.) Amtliche Sammlung S. 143—144.

51. Ärztliche Verordnung. (OpiumG. § 2.) Bei einem Apotheker wurde Morphium verlangt. Er holte die Erlaubnis eines Arztes zur Abgabe ein und füllte ein ihm von dem Arzt früher übergebenes Blankorezept aus, obwohl er wußte, daß der Arzt den Patienten vorher nicht untersucht hatte und darum über dessen Zustand nicht ausreichend unterrichtet sein konnte, um beurteilen zu können, ob er das Morphium als Heilmittel wollte. Dem so zustande gekommenen Rezept, wie auch der Erklärung durch Fernsprecher war mit Recht die Bedeutung einer ärztlichen Anordnung im Sinne der Ausführungsbestimmungen zum Opiumgesetz abgesprochen worden. Unter den Begriff fallen einerseits solche Verordnungen, die der Arzt nach Prüfung des Einzelfalles für einzelne Kranke bestellt, anderseits Anweisungen, die er für den Bedarf seiner Sprechstunde oder der von ihm zu versorgenden Krankenanstalt ausschreibt, nicht aber solche, die er in einer dem Apotheker erkennbaren Weise für bestimmte Personen mißbräuchlich auf das Geratewohl erteilt. (III, 14. April 1930.) Amtliche Sammlung S. 145.

Vgl. Bd. 62 S. 281.

52. Strafvermerk. Rückfall. (StGB. §§ 245, 264; Straf.-vermTilgG. § 5.) Am 8. August 1918 erging ein Urteil, das wegen Urkundenfälschung und Betrugsversuchs eine Gefängnisstrafe von 3 Monaten aussprach. Die Strafe wurde durch eine allgemeine Amnestie von der Württembergischen Regierung vom 15. November 1918 erlassen. Am 3. Dezember 1918 erging eine Verordnung des Rates der Volksbeauftragten über die Gewährung von Straffreiheit und Strafmilderung; nach dieser waren die in vollem Umfang erlassenen Strafen im Strafregister zu löschen. Die Löschungsreife für die vorbenannte Strafe trat also am 4. Dezember 1928 ein. In einem Urteil vom 27. September 1929 wurde die Strafe gleichwohl zur Begründung des Rückfalls herangezogen. Das war rechtsirrig. Mit dem Eintritt der Tilgungsreife war die rückfallbegründende Wirkung der Verurteilung beseitigt, auch wenn die zu beurteilenden neuen Betrugsfälle schon vor diesem Zeitpunkt begangen worden waren. (I, 29. April 1930.) Amtliche Sammlung S. 146—148.

53. Abtreibung. Anstiftung. Duldung. Beihilfe. Gesetzeskonkurrenz. Fortgesetzte Handlung. (StGB. § 218.) Ein Bauer bestimmte seine Dienstmagd, die von ihm schwanger war, durch Mißbrauch seines Ansehens und seiner Dienstgewalt sowie durch Gewährung wirtschaftlicher Vorteile dazu, Abtreibungshandlungen an sich vornehmen zu lassen. Beim ersten Versuch war er dem Mann, der ihn vornahm, behilflich; zwei weitere Versuche nahm er selbst vor. Ein Erfolg trat nicht ein. Er wurde wegen eines Vergehens der Anstiftung zu einem Vergehen der versuchten Abtreibung und wegen eines fortgesetzten Vergehens der versuchten Abtreibung verurteilt. Auf seine Revision verwies das Reichsgericht die Sache zurück. Der Gesetzgeber hat zum Schutz des keimenden Lebens nicht einen einheitlichen, sondern zwei selbständige Tatbestände geschaffen, von denen der eine nur von der Schwangeren, der andere von jedermann begangen werden kann. Der Zweck hievon war, daß eine von einem anderen an der Schwangeren vorgenommene Abtreibungshandlung, die sich ihrer Natur nach als Beihilfe zu einer Abtreibungshandlung der Schwangeren darstellte, nicht den Grundsätzen über die unselbständige (akzessorische) Teilnahme unterstellt, sondern auch dann bestraft werden sollte, wenn die Tat der Schwangeren aus Gründen, die in ihrer Person lagen, nicht als strafbare Handlung gewertet werden konnte. Es besteht aber kein Grund zu der Annahme, daß der Gesetzgeber über diese Erwägung hinaus die Natur der Handlungen, die Tatsache, daß es sich bei dem bewußten und gewollten Zusammenwirken der Schwangeren und eines anderen zur Tötung der Leibesfrucht im natürlichen Sinne um einen gemeinschaftlichen Angriff gegen das gleiche Rechtsgut handelt, außer acht lassen wollte. Der Grundsatz, daß die Anstiftung eines anderen zur Teilnahme an der vom Anstifter selbst begangenen Tat durch die Selbstbegehung aufgezehrt wird, ist vielmehr auch dann entsprechend anwendbar, wenn jemand eine Schwangere zur Duldung der von ihm selbst (allein oder gemeinschaftlich mit einem Dritten) vorgenommenen Abtreibungshandlung oder zur Mitwirkung hiezu angestiftet hat. Der Angeklagte hätte also eines in Mittäterschaft mit dem anderen Mann verübten Vergehens der versuchten Abtreibung, nicht aber eines Vergehens der Anstiftung zu einem Vergehen der versuchten Abtreibung schuldig gesprochen werden sollen. Zu prüfen war weiter, ob nicht dieser Abtreibungsversuch mit den später vom Angeklagten allein vorgenommenen Abtreibungshandlungen im fortgesetzten Zusammenhang stand. Eine solche Annahme lag deshalb nahe, weil der Angeklagte nach den getroffenen Feststellungen von vorneherein mit der Möglichkeit rechnete, daß die ersten Handlungen erfolglos sein könnten und sich für diesen Fall zeigen ließ, wie die Handlungen vorzunehmen waren. (I, 2. Mai 1930.) Amtliche Sammlung S. 148—151. Vgl. Bd. 28 S. 164; Bd. 29 S. 419; Bd. 59 S. 423; Bd. 61 S. 242.

54. Gewerbsmäßige Hehlerei. Beschränkung der Berufung. (StGB. §§ 259, 260; StPO. § 327.) Gegen die vom Schöffengericht ausgesprochene Verurteilung wegen fortgesetzter Hehlerei legte der Staatsanwalt Berufung ein, hielt sie aber nur insoweit aufrecht, als eine Verurteilung wegen gewerbsmäßiger Hehlerei abgelehnt worden war. Das Berufungsgericht erachtete die Beschränkung des Rechtsmittels für wirksam, hielt sich an den Schuldspruch und die ihm zugrundeliegenden Feststellungen für gebunden und prüfte nur, ob Gewerbsmäßigkeit gegeben sei; diese Frage wurde bejaht und die Strafe erhöht. Die Revision des Angeklagten führte zur Zurückverweisung. Obwohl in ihr nur Verletzung des Strafgesetzes gerügt war, mußte doch zunächst geprüft werden, ob die Beschränkung der Berufung des Staatsanwalts auf das Merkmal der Gewerbsmäßigkeit überhaupt statthaft und wirksam war; denn die wirksame Beschränkung eines Rechtsmittels hat insoweit die Rechtskraft der ergangenen Entscheidung zur Folge. In diesem Umfang wird eine Fortsetzung des Verfahrens unzulässig. Die Rechtsmittel-

beschränkung betrifft also eine Voraussetzung des weiteren Verfahrens und zwar nicht nur vor dem Berufungsgericht, sondern auch vor dem Revisionsgericht. Ist die Tragweite der Rechtsmittelbeschränkung verkannt worden, so liegt ein Verfahrensmangel vor, der vom Revisionsgericht von Amts wegen zu beachten ist. Das Unterlassen einer Rüge über die Tragweite der beschränkten Berufung kann nicht die wesentliche Grundlage des Berufungsverfahrens verschieben und einer unzulässigen Berufungsbeschränkung zu einer Wirkung verhelfen, die im Berufungsverfahren nicht einmal durch eine ausdrückliche Erklärung der Beteiligten erreichbar gewesen wäre. Im vorliegenden Fall war die Beschränkung der Berufung des Staatsanwalts auf den rechtlichen Gesichtspunkt der Gewerbsmäßigkeit der Hehlerei unzulässig und wirkungslos, weil hier das straferhöhende Merkmal der Gewerbsmäßigkeit einen untrennbaren Bestandteil der Schuldfrage bildete und innerhalb der Schuldfrage eine Trennung der Anfechtung nicht statthaft ist. Bei der gewerbsmäßigen Hehlerei handelt es sich darum, ob der Täter nicht nur seines Vorteils wegen die Hehlerei begangen, sondern darüber hinaus die Absicht betätigt hat, durch wiederholte Begehung von Hehlerei sich aus deren Vorteilen eine fortlaufende Einnahmequelle von einiger Dauer zu verschaffen. Die Frage der Gewerbsmäßigkeit ist daher nicht zu trennen von der Frage, ob die Hehlereihandlungen überhaupt aus dem Beweggrund der Erlangung eines Vorteils begangen wurden. (II, 5. Mai 1930.) Amtl. Sammlg. S. 151—154
Vgl. Bd. 58 S. 19; Bd. 61 S. 322; Bd. 62 S. 13; Bd. 63 S. 343, 357.

55. Beleidigung. Wahrnehmung berechtigter Interessen. (StGB. § 193.) In einer Versammlung kam es zwischen zwei Teilnehmern zu einem Streit. Der eine von ihnen, der sich durch höhnische Grüße des anderen beleidigt fühlte, schrieb an diesen einen Brief folgenden Inhalts: „Die unverschämte Art Ihres Grüßens und ihre grenzenlose Feigheit veranlassen mich, Sie zu bitten, sich als geohrfeigt zu betrachten." Es wurde hiewegen öffentliche Klage erhoben. Der Angeklagte erklärte in der Hauptverhandlung: „Der Nebenkläger hat mich, anstatt sich vor mir in ein Mausloch zu verkriechen, unverschämt angegrinst; ich hätte ihm am liebsten ein paar Ohrfeigen gegeben, als ich sein Gesicht sah." Zum Schluß der Hauptverhandlung bemerkte er noch: „Die Ohrfeigen hat er jedenfalls bekommen; das tut mir auch nicht leid." Das Schöffengericht erkannte in dem hiewegen neu eingeleiteten Beleidigungsverfahren auf Freisprechung. Das Berufungsgericht verurteilte. Das Reichsgericht verwies die Sache zurück. Für die Verneinung der Anwendung des § 193 StGB. kommt es nicht nur darauf an, ob der Täter objektiv (nach der Auffassung des Richters) durch die Form seiner Äußerung über das Maß der Wahrnehmung berechtigter Interessen hinausgegangen ist und ob ihm nach seiner Persönlichkeit möglich gewesen wäre, seine Äußerung in eine weniger verletzende Form zu kleiden, sondern es ist auch zu berücksichtigen, ob der Täter bewußt über die ihm durch den Zweck der Wahrnehmung berechtigter Interessen gezogenen Grenzen hinausgegangen ist; dabei ist besonders zu prüfen, ob der Täter nicht nach der gegebenen Sachlage eine scharfe Form der Äußerung für geboten gehalten hat. In einem Verfahren wegen Beleidigung darf der Angeklagte seine Verteidigungsstellung allerdings nicht dazu benutzen, um den Beleidigten durch eine maßlose Darstellung des Vorfalls, der zu der Beleidigung Anlaß gegeben hat, von neuem in seiner Ehre zu kränken; aber es ist ihm das Recht nicht zu versagen, ein etwa der Beleidigung vorhergegangenes Verhalten des Beleidigten so zu schildern, wie es auf ihn gewirkt hat, selbst wenn die Art der Schilderung eine Beleidigung enthält. War der Angeklagte der Meinung, daß der Nebenkläger ihn bei der Begegnung im Vortragssaal unverschämt angegrinst habe, so durfte er das auch in dieser Form zum Ausdruck bringen. Die gleiche Beurteilung mußte auch Platz greifen hinsichtlich der Wendung, daß der Nebenkläger sich in ein Mauseloch hätte verkriechen sollen. Der Angeklagte war, wie aus dem Urteil hervorgegangen, der Meinung, daß der Nebenkläger sich ihm gegenüber des Wortbruchs schuldig gemacht habe; er hatte dies auch dem Nebenkläger gegenüber in einem wenige Tage vor dem Zusammenstoß an ihn gerichteten Brief zum Ausdruck gebracht. Wenn er mit Rücksicht hierauf, um das nach seiner Auffassung gerade deshalb besonders empörende Verhalten des Nebenklägers und seine Erregung zu kennzeichnen, jene Wendung gebrauchte, so fiel das nicht notwendig aus dem Rahmen dessen hinaus, was er in seiner Verteidigungsstellung für geboten halten konnte. Die Wendung brachte, wenn auch in scharfer Weise, den Standpunkt des Angeklagten zum Ausdruck, daß der Nebenkläger alle Veranlassung gehabt hätte, sich vor dem Angeklagten zu verstecken, statt ihn „unverschämt anzugrinsen". Es konnte weiter für die Beurteilung der inneren Tatseite von Bedeutung sein, ob das Verhalten des Nebenklägers bei der Begegnung den

Angeklagten in eine solche Erregung versetzt hatte, daß ihm schon damals sofort der Gedanke aufstieg, dem Nebenkläger wirklich Ohrfeigen zu verabreichen; dann aber mußte besonders geprüft werden, ob der Angeklagte nicht berechtigt war oder sich doch wenigstens für berechtigt halten konnte, seine damalige Gemütsverfassung in der geschehenen Weise zum Ausdruck zu bringen. Die zum Schluß der Verhandlung gemachte Bemerkung sollte nach der Auffassung des Berufungsgerichts zum Ausdruck bringen, daß der Nebenkläger ein Mann sei, der Ohrfeigen verdienen würde, und daß es dem Angeklagten nicht leid tue, dies in seinem Brief hervorgehoben zu haben; es hatte angenommen, daß keine Veranlassung mehr bestand, in dieser Form auf die Ohrfeigen zurückzukommen. Dabei war aber nicht genügend berücksichtigt, daß die Bemerkung beim Schlußvortrag fiel und eine Entgegnung auf die Ausführungen des Nebenklägers darstellte, daß eine hohe Bestrafung erfolgen müsse, weil dem Angeklagten das Verständnis für die Schwere seiner Beleidigung abgehe. Demgegenüber konnte der Angeklagte es sehr wohl für erforderlich halten und betonen, daß er auch jetzt noch das Verhalten des Nebenklägers so beurteile wie damals. (II, 5. Mai 1930.) Amtl. Sammlg. S. 154—158.

Vgl. Bd. 40 S. 317.

56. Zollhehlerei. Rückfall. Rechtsmittelbeschränkung. (RAbgO. §§ 368, 369; TabStG. § 60; VZG. § 142.) Die Inhaberin einer Tabakhandlung kaufte Tabak zum Zwecke der Weiterveräußerung ein, von dem sie wußte, daß er unverzollt und unversteuert war. Sie wurde wegen Steuerhehlerei und Tabaksteuerhehlerei zu zwei Geldstrafen verurteilt. Die Revision des Hauptzollamts, in der Nichtanwendung der Vorschriften über Rückfall beanstandet war, hatte keinen Erfolg. Da eine Beschränkung des Rechtsmittels in dieser Weise zulässig war, stand die Verurteilung, abgesehen von der Frage des Rückfalls, dem Schuldausspruch nach fest. Die Vorschriften der Reichsabgabenordnung über Rückfall gelten auch für die Zollhehlerei. Hiernach tritt verschärfte Strafe ein, wenn jemand, der im Inland wegen Steuerhinterziehung oder Steuerhehlerei bestraft worden ist, darauf abermals eine dieser strafbaren Handlungen begeht, deswegen bestraft worden ist und darnach eine weitere Steuerhinterziehung oder Steuerhehlerei begangen hat. Das Berufungsgericht hatte die Vorschrift deshalb nicht für anwendbar erklärt, weil die früheren Verurteilungen der Angeklagten nicht auf Grund der Vorschriften der Reichsabgabenordnung, sondern auf Grund des Vereinszollgesetzes oder anderer Abgabengesetze ausgesprochen worden waren. Ob nicht auch Vorbestrafungen wegen Zollhinterziehung als rückfallbegründend angesehen werden könnten, ließ das Reichsgericht dahingestellt; jedenfalls können als Grundlage für eine Bestrafung wegen Rückfalls solche Verurteilungen nicht angesehen werden, die wegen verbotener Einfuhr erfolgt sind. Wenn in § 142 VZG. solche Bestrafungen hinsichtlich der dort allein in Frage kommenden Wiederholung von Konterbande und Zollhinterziehung gleichgestellt sind, so beruht das auf ausdrücklicher gesetzlicher Vorschrift. (III, 15. Mai 1930.)

Amtl. Sammlg. S. 158—160.

Vgl. Bd. 32 S. 310; Bd. 48 S. 21; Bd. 54 S. 180.

57. **Beweisantrag. Blutgruppenuntersuchung.** (StPO. § 155.) In einem Verfahren wegen Unterhalts für ein uneheliches Kind beschwor der Beklagte, mit der Kindsmutter in der Empfängniszeit nicht geschlechtlich verkehrt zu haben. Das Schwurgericht stellte die Unwahrheit der Aussage fest, und verurteilte wegen Meineids. In der Hauptverhandlung hatte der Verteidiger beantragt, zum Beweis dafür, daß der Angeklagte nicht Vater des Kindes sein könne, eine Untersuchung der Blutgruppen des Angeklagten und des Kindes anzuordnen. Das Schwurgericht hatte diesen Antrag abgelehnt mit der Begründung, daß das Einverständnis des Vormundes des Kindes nicht vorliege und daß Gegenstand des Verfahrens nur sei, ob der Angeklagte mit der Mutter des Kindes geschlechtlich verkehrt habe, nicht aber ob das Kind von ihm abstamme. Das Reichsgericht verwies die Sache zurück. War festzustellen, daß das Kind nicht aus einem Geschlechtsverkehr des Angeklagten mit der Mutter abstammen konnte, so hätte das für die Beantwortung der übrigen Beweisanzeichen, namentlich der Angaben der Mutter, bedeutsam sein können. Auch der erste Ablehnungsgrund trug die Entscheidung nicht. Ohne die Zustimmung des Vormundes konnte dem Kind keine Blutprobe entnommen werden; es besteht keine gesetzliche Vorschrift, wonach Personen die am Verfahren nicht beteiligt sind, gezwungen werden könnten, die Entnahme einer Blutprobe zuzulassen. Im gegebenen Fall stand aber nicht fest, ob nicht der Vormund der Entnahme der Blutsprobe zustimmte. Ob die in der Frage der Blutgruppenforschung gemachten Fortschritte schon zu völlig gesicherten wissenschaftlichen Ergebnissen geführt haben, ob insbesondere im vorliegenden Fall, wo die Mutter des Kindes gestorben war und darum

ihr Blut für eine Untersuchung nicht zur Verfügung stand, die Untersuchung der Blutgruppen des Kindes und des Angeklagten ein für die gerichtliche Entscheidung beachtliches Ergebnis zur Frage der Abstammung des Kindes von dem Angeklagten zeitigen konnte, hatte das Tatgericht zu prüfen. (I, 16. Mai 1930.) Amtl. Sammlg. S. 160—163.

Vgl. Bd. 38 S. 257; Bd. 44 S. 291.

58. Rechtsmittel. Beschränkung. Verzicht. Vollmacht. Widerruf. (StPO. §§ 137, 297, 302.) Gegen das Urteil des Schöffengerichts legte zunächst der Verteidiger des Angeklagten Berufung ein, jedoch nur wegen des Strafmaßes; innerhalb der Berufungsfrist erklärte auch der Angeklagte die Berufung und zwar ohne Beschränkung. Das Berufungsgericht nahm an, daß der Verteidiger wirksam auf das Rechtsmittel im Schuldspruch verzichtet habe. Das Reichsgericht verwies die Sache zurück. In der Erklärung, ein Urteil nur teilweise anfechten zu wollen, liegt keineswegs ohne weiteres ein Verzicht auf Anfechtung des Urteils in seinem übrigen Inhalt; es muß vielmehr der Wille des Erklärenden ermittelt und im Zweifel gegen einen Verzicht entschieden werden. Da im vorliegenden Fall das Rechtsmittel von einem Rechtsanwalt eingelegt worden war, konnte ohne Rechtsirrtum aus der Erklärung, daß Berufung nur wegen des Strafmaßes eingelegt werde, die Willensmeinung entnommen werden, daß das Urteil hinsichtlich des Schuldspruchs als endgültig maßgebend anerkannt, also insoweit auf Anfechtung verzichtet werden sollte. Dieser Verzicht entbehrte aber der rechtlichen Wirksamkeit, weil der Rechtsanwalt dazu nicht ermächtigt war. Wenn in § 302 StPO. neben der Zurücknahme des Rechtsmittels auch der Verzicht auf die Einlegung vor Ablauf der Einlegungsfrist für zulässig erklärt und dann bestimmt wird, daß der Verteidiger zur Zurücknahme einer ausdrücklichen Ermächtigung bedarf, so ist aus der Nichterwähnung des Verzichts nicht zu schließen, daß hiefür keine besondere Ermächtigung notwendig sei. Das würde der Stellung des Verteidigers widersprechen. Dieser ist grundsätzlich nicht Vertreter des Angeklagten, sondern nur sein Beistand; nur ausnahmsweise kommt ihm das Recht der Vertretung zu. Die allgemeine Vollmacht gilt also nicht für die Erklärung eines Verzichts auf Rechtsmittel. Auch die Vollmacht zur Zurücknahme von Rechtsmitteln reicht hiefür nicht aus. Wenn auch die Zurücknahme eines Rechtsmittels einen Verzicht darauf in sich schließt und, wie diese, unwiderruflich ist, so sind doch die beiden Erklärungen ihrem Wesen nach verschieden; der Verzicht ist für den Angeklagten gefährlicher als die Zurücknahme. Die Entscheidung darüber, unter welchen Voraussetzungen sich der Angeklagte einem Urteil unterwerfe, ohne zuvor alle im Gesetz gewährten Rechtsbehelfe erschöpft zu haben, verlangt die strengsten Anforderungen in der Richtung, daß sie dem wirklichen, ernsten Willen des Angeklagten entspricht. Darum kann auch die einen Teilverzicht enthaltende Beschränkung eines Rechtsmittels auf einen abtrennbaren Teil der Entscheidung nur auf Grund einer hierauf besonders gerichteten ausdrücklichen Ermächtigung vom Verteidiger erklärt werden. Das Berufungsgericht hatte die Vollmacht des Verteidigers nur auf Grund der Vollmachtsurkunde geprüft und die Auffassung vertreten, daß es Beschränkungen der Vollmacht, die ihm bis zur Berufungseinlegung nicht erkennbar gemacht worden seien, nicht zu beachten habe. Das erklärte das Reichsgericht für irrig. Die einmal erteilte ausdrückliche Ermächtigung des Verteidigers zum Verzicht auf ein Rechtsmittel kann jederzeit auch durch eine nur mündliche Erklärung vom Angeklagten widerrufen werden. Ein solcher Widerruf bedarf keiner Mitteilung an das Gericht; er braucht auch nicht ausdrücklich in die Form des Widerrufs gekleidet zu sein, vielmehr genügt, wenn in der Erklärung der Wille des Widerrufs erkennbar zum Ausdruck gebracht wird. Die Erklärung ist auch solange geeignet, die frühere Ermächtigung zu beseitigen, bis der vom Verteidiger erklärte Verzicht durch Eingang beim zuständigen Gericht wirksam und dadurch unwiderruflich geworden ist. (II, 5. Mai 1930.)

Amtl. Sammlg. S. 164—167.

Vgl. Bd. 18 S. 138; Bd. 42 S. 241; Bd. 44 S. 285; Bd. 54 S. S. 210.

59. Beratung. (GVG. § 193; StPO. §§ 353, 354.) Während der Beratung eines Urteils war auch der Urkundsbeamte im Beratungszimmer anwesend. Er war nicht zu seiner juristischen Ausbildung beim Gerichte beschäftigt. An der Beratung nahm er in keiner Weise teil. Das Urteil wurde aufgehoben. Es war nicht ausgeschlossen, daß die Richter und Geschworenen durch die Anwesenheit des Urkundsbeamten irgendwie beeinflußt wurden, schon weil sie besorgten, durch ihn könne über die Vorgänge im Beratungszimmer etwas nach außen dringen. (I, 9. Mai 1930.) Amtl. Sammlg. S. 167—169.

60. Kraftfahrer. Rechtsfahren. Überholen. (KraftFahrzG. § 21; KraftFahrzVO. §§ 21, 23.) Beim Durchfahren einer Wegkrümmung steuerte der Führer eines Kraftwagens nach links, um die Krümmung nehmen zu können; es gelang ihm dann nicht, den Wagen wieder auf die rechte Seite der Straße zu bringen, weil die Straße stark vereist war. Wenn hienach der Angeklagte die Vorschrift nicht ohne eigene Gefährdung und Gefährdung des allgemeinen Verkehrs einhalten konnte, handelte er nicht schuldhaft. Das Berufungsgericht hatte angenommen, daß er auch deshalb nach links gesteuert habe, um einen Schlitten, der an der Wegkrümmung hielt, überholen zu können. Der Angeklagte überholte den Schlitten nicht, da dieser wesentlich rascher fuhr als der von ihm gelenkte Wagen. Ein Überholen ist allerdings schon dann anzunehmen, wenn der Kraftwagenführer mit der Überholungsbewegung begonnen hat; im vorliegenden Fall hätte die Überholung, wenn überhaupt, so doch erst auf der freien Landstraße erfolgen können, also nicht auf einer unübersichtlichen Wegstrecke. (II, 15. Mai 1930.)

Amtl. Sammlg. S. 169—171.

61. Kuppelei. Bordellartiger Betrieb. (StGB. § 180.) Eine Frau, die früher ein Bordell in ihrem Haus betrieben, dann aber das Haus ein Jahr lang zu anderen Zwecken verwendet hatte vermietete dann wieder Zimmer an Dirnen, die in dem Haus Unzucht trieben. Sie empfingen in den ihnen vermieteten Räumen zum Teil Männer, die sie kannten, zum Teil solche, die sie auf der Straße kennengelernt hatten, zum Teil auch solche, die das Haus aufsuchten, weil sie dort Gelegenheit zum Geschlechtsverkehr erwarteten. Das Haus war ständig geschlossen. Besuche, die Einlaß wünschten, mußten an der Haustüre schellen, worauf diese von einer der Dirnen geöffnet wurde. Verlangte der Besucher eine bestimmte Dirne, so wurde er zu dieser geführt; verlangte er irgendein Mädchen, so wurde er nach seinen Wünschen, besonders in körperlicher Hinsicht, gefragt und dementsprechend gewiesen. Abends stellten sich die Mädchen gemeinsam in der Haustüre auf, um auf Freier zu warten. Das Berufungsgericht hatte einen bordellartigen Betrieb für gegeben erachtet, aber den Nachweis vermißt, daß die Angeklagte den Betrieb unterhalten habe. Das Reichsgericht verwies die Sache zurück. Zum Wesen eines bordellartigen Betriebs gehört, daß der Haus- oder Wohnungsinhaber in einer nach außen erkennbaren Weise mehreren sich bei ihm zum Zwecke des gewerbsmäßigen Unzuchtbetriebs an Ort und Stelle bereithaltenden Personen nicht nur vorübergehend und gelegentlich, sondern für eine gewisse Zeitdauer regelmäßig in irgendeiner Form zur Förderung des Unzuchttreibens behilflich und entweder selbst an dem aus dem Unzuchttreiben erzielten Erträgnis irgendwie beteiligt ist oder ohne eine solche Beteiligung gewohnheitsmäßig handelt. Die organisierte räumliche Zusammenfassung von Dirnen zum Zwecke der Förderung ihres unsittlichen Gewerbes zeigte sich in der Widmung des ganzen Hauses zu Unzuchtszwecken, in der inneren Gemeinschaft der Mieterinnen, die ihre Mahlzeiten gemeinsam einnahmen, in dem Dauerverschluß des Hauses, in der Regelung des Einlasses und der Verteilung der Besucher, schließlich auch darin, daß die Angeklagte oder ihre Stellvertreterin ständig anwesend waren und täglich die vereinbarten Vergütungen von den Dirnen einhoben. All das ging über die Gewährung von Wohnung weit hinaus. Als Unternehmerin kam nur die Angeklagte in Betracht. Sie stellte das Haus zur Verfügung, gab die Zimmer für den Unzuchtsverkehr, sorgte dafür, daß die Kunden an der Schwelle des Hauses empfangen und weitergeleitet wurden; daß sie diese Verrichtungen durch die Mädchen selbst besorgen ließ, war ohne Bedeutung, denn die ganze Regelung des Zugangs beruhte auf ihrer organisierenden Tätigkeit. Sie erhob aus den Einkünften der Dirnen in Gestalt des Pensions- und Zimmerpreises täglich oder wöchentlich ihren Verdienst. Der innere Tatbestand war erfüllt, weil der Angeklagten all diese Merkmale des äußeren Tatbestands bekannt waren. Ohne Bedeutung war, ob die Angeklagte sich auch bewußt war, daß ihr Betrieb als bordellartig im Sinne des Gesetzes anzusehen sei und daß ihr Handeln unter Strafe falle. (III, 15. Mai 1930.)

Amtl. Sammlg. S. 171—176.
Vgl. Bd. 62 S. 341; Bd. 64 S. 110.

62. Vermutungstatbestand. Zollfreie Abstimmung. (VZG. §§ 124, 136, 137.) Ein Viehhändler trug in sein Kontobuch ein, daß er ein Pferd von S. in R. erworben habe. Der angebliche Verkäufer war nicht zu ermitteln. Von der Anklage einer Zollhinterziehung erfolgte Freisprechung mit der Begründung, es bestehe zwar ein gewisser Verdacht, daß die Eintragung falsch sei; immerhin habe sich nicht nachweisen lassen, daß der Verkäufer des Pferdes dem Angeklagten nicht den eingetragenen Namen angegeben habe. Das Reichsgericht verwies die Sache zurück. Nach Nr. 7 VZG. ist eine Zollhinterziehung als vollbracht anzusehen, wenn ein Gewerbetreibender im Grenzbezirk sich nicht gemäß den nach § 124 VZG. getroffenen Anordnungen über die Verzollung oder die zollfreie Abstimmung der bezogenen Gegenstände ausweisen kann. Die nur äußerliche Beobachtung der Kontrollvorschriften, insbesondere die Buchführungspflicht, stellt noch keinen Ausweis im Sinne dieser Vorschriften dar; dazu gehört vielmehr auch die Wahrheit der einzelnen Buchungen. Durch die Buchführung ist darzutun, ob die Ware unmittelbar aus dem Ausland bezogen und alsdann verzollt worden ist oder ob sie aus dem Inland stammt. Hat der Gewerbetreibende die Ware aus dem Inland bezogen, so genügt zum Ausweis, daß er den Lieferer angibt; die Verzollung oder die Erzeugung im Inland braucht er nicht nachzuweisen. Der Lieferer muß aber so angegeben sein, daß die Zollbehörde die Richtigkeit der Angabe nachprüfen kann. Der Mangel dieses Ausweises hat zur Folge, daß angenommen wird, die Ware sei unter Hinterziehung des Zolles bezogen. Darauf, ob die Unrichtigkeit des Ausweises erkannt worden ist, kommt es nicht an. Die Vermutung der Hinterziehung hätte nur dadurch widerlegt werden können, daß die Person, von der der Angeklagte das Pferd erworben hatte, durch die Buchführung einwandfrei nachgewiesen worden wäre. Gegenüber der Vermutung kann der Entlastungsbeweis geführt werden, daß eine Zollhinterziehung nicht habe verübt werden können oder nicht beabsichtigt gewesen sei; hiefür gilt der Grundsatz der freien Beweiswürdigung. (III, 19. Mai 1930.)

Amtl. Sammlg. S. 176—178.

Vgl. Bd. 6 S. 190; Bd. 8 S. 58; Bd. 35 S. 238; Bd. 46 S. 337; Bd. 56 S. 16.

63. Unzuständigkeit. Verweisung. (StPO. § 270.) In einer Verhandlung über Abtreibung kam das Schöffengericht zu der Überzeugung, daß die Handlung ohne Einwilligung der Schwangeren vorgenommen worden war; es verwies deshalb die Sache an das Schwurgericht. In der Revision gegen das schwurgerichtliche Urteil wurde gerügt, daß die Verhandlung vor dem Schöffengericht nicht vollständig durchgeführt worden sei. Sie hatte keinen Erfolg. In welchem Zeitpunkt der Verweisungsbeschluß zu erlassen ist, hängt von dem pflichtmäßigen Ermessen des Tatrichters ab. Ergibt sich die höhere Zuständigkeit schon aus dem Inhalt des Eröffnungsbeschlusses und ist das Hauptverfahren nur aus Versehen vor dem Gericht niederer Ordnung eröffnet worden, so hat sich dieses alsbald nach der Verlesung des Eröffnungsbeschlusses für unzuständig zu erklären. (III, 19. Mai 1930.)

Amtl. Sammlg. S. 179—181.

Vgl. Bd. 8 S. 248; Bd. 9 S. 324; Bd. 16 S. 39; Bd. 41 S. 408; Bd. 62 S. 265.

64. Betrug. Preisnachlaß. Vermögensschaden. (StGB. § 263.) Ein Erzeugerverband berechnete dem ausländischen Käufer das Doppelte des Inlandspreises. Ein Händler übergab dem Verband vorgespiegelte Inlandsaufträge und leitete die Waren an ausländische Unternehmer weiter. In zwei Rechtszügen wurde er wegen Betrugs verurteilt. Das Reichsgericht verwies die Sache zurück, da es die Vermögensschädigung des Verbandes nicht hinreichend nachgewiesen erachtete. Es handelte sich um Betrug bei Eingehung des Vertrags. Hier ist nicht der Vermögensbestand, der ohne die Täuschung bestanden hätte, dem durch die Verfügung tatsächlich geschaffenen Vermögensbestand gegenüberzustellen, sondern es ist der Vermögensbestand, der unmittelbar der Verfügung vorherging, mit dem durch sie hervorgerufenen zu vergleichen. Tatsächlich läuft das auf den Vergleich des Wertes der Ware, die der Verband an den Angeklagten abgab, mit dem von diesem dafür zu erzielenden Preis hinaus. Eine Vermögensschädigung lag vor, wenn dieser Preis niedriger war als der Wert der Ware; das war aber offensichtlich nicht der Fall. Nun kann die Täuschungshandlung allerdings auch mittelbare Wirkungen haben; zu diesen gehört das Entgehen eines Gewinns, vorausgesetzt, daß auf diesen ein Rechtsanspruch bestand oder daß er ohne die Täuschung wahrscheinlich eingetreten wäre. Das hätte angenommen werden können, wenn der Angeklagte verpflichtet gewesen wäre, die Auslandsbestellungen beim Verband zu machen oder wenn der Verband die Ware jederzeit in das Ausland hätte verkaufen können. (III, 19. Mai 1930.) Amtl. Sammlg. S. 181—182.

Vgl. Bd. 16 S. 1; Bd. 38 S. 108; Bd. 41 S. 373.

65. Auslieferung. Revision. Verfahrensvoraussetzung. (Deutsch-Tschechoslowakischer Auslieferungsvertrag vom 8. Mai 1922.) Durch Bestechung eines Beamten wurde erzielt, daß Branntwein, der von der Monopolverwaltung zu ermäßigten Preisen zur Herstellung von Heilmitteln bezogen worden war, nicht unbrauchbar gemacht wurde; er wurde zu Trinkbranntwein verarbeitet. Nachdem die Sache entdeckt worden war, floh der Täter in die Tschechoslowakei. Es wurde Voruntersuchung gegen ihn wegen Hinterziehung von Einnahmen aus dem Branntweinmonopol in Tateinheit mit Betrug und wegen Bestechung eröffnet. Die zuständige Behörde der Tschechoslowakei bewilligte zunächst die Auslieferung wegen Bestechung, später auch jene wegen Betrugs; die Auslieferung wegen Hinterziehung von

Abgaben wurde nicht bewilligt, da diese nach dem in der Tschechoslowakei geltenden Gesetz nur als Übertretung anzusehen war. Der Angeklagte wurde ausgeliefert, aber nicht in Untersuchungshaft genommen. Er wurde zunächst wegen Bestechung verurteilt; dieses Urteil erlangte die Rechtskraft. Sodann wurde er wegen Betrugs zu einer Gefängnisstrafe und einer Geldstrafe verurteilt; das Verfahren wegen des mit dem Betrug in Tateinheit stehenden Monopolvergehen wurde als z. Zt. unzulässig vorläufig eingestellt. Der Angeklagte, der Staatsanwalt und das Hauptzollamt legten Berufung ein. Während des Berufungsverfahrens erging gegen den Angeklagten Haftbefehl wegen Fluchtverdachts; er wurde sofort vollstreckt. Das Hauptzollamt nahm seine Berufung zurück mit der Begründung, daß die Rechtskraft des jetzt zu erlassenden Urteils einer späteren des Monopolvergehens nicht entgegenstehe. Die Berufung des Angeklagten und jene des Staatsanwalts wurden verworfen; der Haftbefehl wurde aufgehoben. In der Revision beantragte der Angeklagte vorläufige Einstellung des Verfahrens wegen Unzulässigkeit der Strafverfolgung. Er drang nicht durch. Mit der Behauptung, daß die Verfolgung wegen Betrugs im Hinblick auf die Bedingungen der Auslieferung nicht habe stattfinden dürfen, war der Mangel einer Verfahrensvoraussetzung geltend gemacht, der von Amts wegen zu würdigen war; hiebei hatte das Reichsgericht auf den gesamten Inhalt der Akten zu achten und überhaupt alle ihm zu Gebote stehenden Erkenntnisquellen zu benützen. Solange das Verfahren schwebte, dessen Einleitung und Durchführung sich auf die Auslieferung stützte, trat der Zustand der Freiheit für den Angeklagten nicht ein; die durch die Auslieferung begründete Beschränkung der Strafverfolgung fiel also nicht eher weg, als bis das Verfahren erledigt und der im Auslieferungsvertrag vorgesehene Zeitraum seit der Erledigung verstrichen war. Die Verurteilung wegen Betrugs stellte aber keine Verletzung dieser Beschränkung dar. Die tschechoslovakische Regierung hatte der Verfolgung des Angeklagten wegen Betrugs ausdrücklich zugestimmt. Nach dem Auslieferungsvertrag durfte ein anderes Strafgesetz nur zur Anwendung gebracht werden, wenn dessen Strafdrohung die Tat nach dem Rechte der beiden beteiligten Staaten mit der Eigenschaft eines Verbrechens oder Vergehens ausgestattet und die Verhängung einer Freiheitsstrafe, sei es auch nur im Wege der Umwandlung einer Vermögensstrafe, erlaubt hätte. Aus diesem Grunde war im Auslieferungsbescheid die Anwendung der Strafvorschrift des

Branntweinmonopolgesetzes und der Reichsabgabenordnung ausgeschlossen worden. Hierauf hatten die Untergerichte Rücksicht genommen. (II, 22. Mai 1930.)

Amtl. Sammlg. S. 183—193.

Vgl. Bd. 21 S. 180; Bd. 27 S. 413; Bd. 31 S. 428; Bd. 32 S. 247; Bd. 33 S. 99, 388; Bd. 34 S. 68, 191, 380; Bd. 36 S. 345; Bd. 37 S. 88; Bd. 38 S. 112; Bd. 40 S. 274; Bd. 41 S. 272; Bd. 42 S. 309; Bd. 45 S. 271; Bd. 49 S. 243; Bd. 55 S. 284; Bd. 59 S. 313; Bd. 63 S. 215; RMG. Bd. 4 S. 65, 75; Bd. 6 S. 300.

66. Beschäftigung Schwerbeschädigter. Buße. Bevollmächtigter. (SchwerbeschG. §§ 5, 7, 13, 18, 21; GewO. § 151.) Für ein Rittergut war die Zahl der dort zu beschäftigenden Schwerbeschädigten auf drei festgesetzt worden. Die Hauptfürsorgestelle wies zunächst eine landwirtschaftliche Bürokraft dorthin; die Einstellung wurde abgelehnt, weil der Mann als Bürokraft nicht zu gebrauchen sei. Der zweite zugewiesene Schwerbeschädigte verzichtete auf die Stelle. Der dritte wurde als Leuteaufseher zugewiesen, aber nur als Gärtner verwendet und erhielt als solcher nur einen geringen Lohn. Gegen den Rittergutsbesitzer wurde eine Buße ausgesprochen. Seine Revision führte zur Zurückverweisung der Sache. Wenn der Angeklagte die Einstellung des als Bürokraft zugewiesenen Schwerbeschädigten mit einem Schreiben an die Hauptfürsorgestelle ablehnte, konnte darin eine Beschwerde erblickt werden, die dem Schwerbeschädigtenausschuß vorzulegen war und aufschiebende Wirkung hatte; jedenfalls konnte der Angeklagte dieses Glaubens sein. In diesem Fall war ein vorsätzlicher Verstoß ausgeschlossen und grobe Fahrlässigkeit nur anzunehmen, wenn der Irrtum selbst auf Fahrlässigkeit beruhte. Im zweiten Fall bestritt der Angeklagte seine Verpflichtung, sich selbst um die Zuweisung eines anderen Schwerbeschädigten zu bemühen. Dieser Einwand ging fehl. Den Arbeitgebern ist im Gesetz auferlegt, das Freiwerden eines mit einem Schwerbeschädigten besetzten Arbeitspostens der Hauptfürsorgestelle unverzüglich anzuzeigen; auch schon die Nichterfüllung der Anzeigepflicht ist als Ungehorsam gegen das Gesetz anzusehen. Beim dritten Schwerbeschädigten war gegen das Gesetz dadurch verstoßen worden, daß ihm ein geringerer Lohn bezahlt wurde, als ihm entsprechend der Zuweisung gebührte. Ob er sich für die Stelle eines Leuteaufsehers nicht eignete, war unerheblich, da er seines Lohnanspruchs hierdurch nicht verlustig ging, solange nicht das Arbeitsverhältnis ordnungsmäßig gelöst war. Unrichtig war die Auffassung des Berufungsgerichts, daß der Schwerbeschädigte nicht nur ein Recht auf Lohnzahlung, sondern auch auf entsprechende Beschäftigung habe. Mit der Zustellung des Zuweisungsbeschlusses gilt ein Arbeitsvertrag zwischen dem Arbeitgeber und dem Schwerbeschädigten als abgeschlossen. Seinen Inhalt bestimmt die Hauptfürsorgestelle, soweit nicht ein Tarifvertrag oder eine Betriebsvereinbarung maßgebend sind; im übrigen ist er wie ein freiwillig abgeschlossener Arbeitsvertrag zu beurteilen. Dem Dienstpflichtigen, der zur Leistung der vertragsmäßig übernommenen Dienste fähig und bereit ist, steht ohne weiteres gegen den Dienstberechtigten ein Anspruch auf Zahlung des vereinbarten Entgelts, nicht aber auch auf Annahme seiner Dienste zu. Ein Anspruch auf Beschäftigung kann allerdings im Dienstvertrag zugesichert werden; im übrigen ist er nur dann anzuerkennen, wenn besondere Umstände die Annahme begründen, daß ohne einen solchen Anspruch der Vertrag nicht geschlossen worden wäre. Der Zweck des Schwerbeschädigtengesetzes geht vor allem dahin, den dauernden Lebensunterhalt der Schwerbeschädigten möglichst sicherzustellen; es hieße die aus sozialen Gründen den Arbeitgebern auferlegte Last der Einstellung Schwerbeschädigter übermäßig steigern, wenn man z. B. auch in einem Fall, in dem der Arbeitgeber die Beschäftigung des Schwerbeschädigten als nachteilig für seinen Betrieb ansieht, ihn zwingen wollte, nicht nur den Lohn zu zahlen, sondern den Schwerbeschädigten auch wirklich zu beschäftigen. Die Beschäftigung der Schwerbeschädigten ist zwar eine vom Gesetz gewollte Fürsorgepflicht, nicht aber eine privatrechtlich einklagbare und durch Zwangsmaßregeln geschützte Rechtspflicht. Neben dem Rittergutsbesitzer war auch sein Generaldirektor verurteilt worden. Auch in dieser Hinsicht wurde das Urteil aufgehoben. Wenn auch die Gewerbeordnung auf die Landwirtschaft keine Anwendung findet, können doch deren Grundsätze über die Haftung eines Vertreters, dem die Leitung eines Betriebs oder eines Teiles übertragen worden ist, und über die Haftung des Inhabers neben ihm entsprechend auf landwirtschaftliche Betriebe Anwendung finden. In dieser Hinsicht war festzustellen, wie weit der Generaldirektor selbständig handeln konnte. Die für den Fall von Zuwiderhandlungen im Gesetz angedrohte Buße ist nicht als Kriminalstrafe, wohl aber als Ordnungsstrafe anzusehen. Auf eine solche sind die allgemeinen Vorschriften des Strafgesetzbuchs nicht ohne weiteres anwendbar; es liegt aber in der Natur einer solchen, einem Verstoß gegen ein Gesetz sich annähernden Zuwiderhandlung, daß an ihr auch andere Personen als der Arbeitgeber als Gehilfen teilnehmen können. (II, 27. Januar 1930.) Amtl. Sammlg. S. 193—201. Vgl. Bd. 60 S. 59; RArbG. Bd. 2 S. 9, 12, 13; Bd. 3 S. 253, 261; Bd. 4 S. 159.

67. Schwere Körperverletzung. Wichtiges Glied. (StGB. § 224.) Durch eine Körperverletzung verlor der Verletzte das obere Glied des linken Daumens. Er war von Beruf Schlosser, Linkshänder und wurde durch den Verlust in seinem Beruf schwer geschädigt. Das Landgericht nahm schwere Körperverletzung wegen Verlustes eines wichtigen Gliedes an. Das Reichsgericht verwies die Sache zurück. Die Frage, was unter einem wichtigen Glied zu verstehen ist, unterliegt der Nachprüfung des Revisionsgerichts; ob ein bestimmtes Einzelglied des Körpers unter diesen Begriff fällt oder nicht, ist Sache tatrichterlicher Würdigung. Auf die besonderen Verhältnisse des Verletzten kommt es nicht an, sondern nur darauf, welche Wichtigkeit das verlorene Glied allgemein, für den Menschen überhaupt besitzt. Das Berufungsgericht hatte die Entscheidung von der persönlichen Beschaffenheit und den besonderen Verhältnissen des Verletzten abhängig gemacht; das verstieß gegen das Gesetz. (III, 19. Mai 1930.) Amtl. Sammlg. S. 201—202.
Vgl. Bd. 6 S. 346; Bd. 62 S. 161.

68. Waffenbesitz. Munitionslager. (RepSchG. § 7; SchußwG. § 25.) Im Auftrag eines Wehrkreiskommandos sammelte ein Mann Waffen und Munition aus Heeresbeständen, die sich in der Zivilbevölkerung befanden, und verwahrte sie bei sich. Der Offizier, der ihm den Auftrag erteilte, versprach, ihm weitere Weisung zukommen zu lassen, wo die Munition abzuliefern sei; das geschah nicht. Das Berufungsgericht sprach von der Anklage verbotenen Waffenbesitzes frei. Die Revision der Staatsanwaltschaft hatte keinen Erfolg. Über die Anwendbarkeit der Verordnung über Waffenbesitz vom 13. Januar 1919, des RepSchG. vom 21. Juli 1922 und des SchußwG. vom 1. Oktober 1928 erklärte das Reichsgericht: War die dem Angeklagten zur Last gelegte Tat schon vor dem 1. Oktober 1928 zum Abschluß gelangt, so hatte das Berufungsgericht bei der am 14. Januar 1930 erfolgten Aburteilung die §§ 23, 25 SchußwG. schon deshalb anzuwenden, weil diese Vorschrift sowohl gegenüber dem § 3 VO. vom 13. Januar 1919 wie auch gegenüber dem § 7 Nr. 6 RepSchG. vom 21. Juli 1922 die mildere Strafdrohung enthält. Hatte aber die Tat des Angeklagten über den 30. September hinaus fortgedauert, so bildete das Schußwaffengesetz die maßgebende Strafvorschrift und zwar als die bei Vollendung der Tat geltende. Nach den Vorschriften des Schußwaffengesetzes hatte sich aber der Angeklagte nicht strafbar gemacht. Er hatte zwar ein Munitionslager im Besitz, aber dieses befand sich zugleich im Besitz des Wehrkreiskommandos, also einer Reichsbehörde, und zwar entweder im unmittelbaren Besitz, wenn der Angeklagte sich nur als Besitzdiener ansah, oder im mittelbaren Besitz. (I, 30. Mai 1930.)

Amtl. Sammlg. S. 203—206.

Vgl. Bd. 63 S. 68.

69. Geldstrafe. Zahlungsfrist. Teilzahlung. (StGB. §§ 27, 28.) Das Berufungsgericht hatte die schlechten Wirtschaftsverhältnisse des Angeklagten bei Bemessung der Geldstrafe berücksichtigt, aber die Bewilligung von Teilzahlungen abgelehnt. Das führte zur Zurückverweisung. Die Ablehnung war damit begründet worden, daß die Bewilligung von Teilzahlungen eine zu weitgehende Milde bedeute. Für die Anwendbarkeit dieser Vorschrift ist aber allein maßgebend, ob dem Angeklagten nach seinen wirtschaftlichen Verhältnissen nicht zuzumuten ist, daß er die Geldstrafe sofort zahlt. Wenn das zutrifft, muß ihm eine Frist bewilligt oder die Abtragung der Strafe in Teilzahlungen gestattet werden. Diese Zumutbarkeit zu prüfen hatte das Berufungsgericht unterlassen. (I, 30. Mai 1930.) Amtl. Sammlg. S. 207—208.

70. Arbeitslosenversicherung. Betrug. (AVG. § 176.) In einer von einem Verein betriebenen Kegelhalle einer Ausstellung waren zwei Männer angestellt, der eine als Geschäftsführer, der andere als Kassier. Sie hatten bis zur Einstellung Erwerbslosenunterstützung erhalten und bezogen sie auch während der Dauer der Anstellung weiter. Damit war der Tatbestand des Betrugs erfüllt. Die Angeklagten wären verpflichtet gewesen, von den Einkünften, die sie in ihrer Stellung hatten und die zum mindesten zu einem erheblichen Bruchteil als Arbeitsentlohnung und nicht als Entschädigung für Aufwand anzusehen waren, dem Arbeitsamt Mitteilung zu machen. (III, 26. Mai 1930.) Amtl. Sammlg. S. 209—210.

71. Diebstahl. Forstpolizeiliche Übertretung. Rechtswidrigkeit. (StGB. § 242; PrFeldForstPolG. § 34.) Nach den Bedingungen einer Holzversteigerung sollte der Käufer das Eigentum an dem verkauften Holz erst mit der Zahlung des Kaufpreises erwerben; eine besondere Übergabe sollte nicht stattfinden; die Gefahr des Verlustes und der Verschlechterung des Holzes sollte mit dem Zuschlag auf den Käufer übergehen. Der Kaufpreis war in drei Teilen zu zahlen. Ein Käufer ließ das ihm zugeschlagene Holz abfahren, ehe er die letzte Teilzahlung geleistet hatte. Das Berufungsgericht verurteilte ihn wegen Diebstahls in Tateinheit mit einer Forstpolizeiübertretung. Das Reichsgericht verwies die Sache zurück. Es billigte die Auffassung des Berufungsgerichts, daß das Eigentum an dem Holz im Zeitpunkt der Wegnahme noch nicht auf den Angeklagten übergegangen war, fand aber das Tatbestandsmerkmal der Rechtswidrigkeit der Zueignung nicht gegeben. Der Angeklagte hatte behauptet, daß er gegen die Restkaufpreisforderung der Forstverwaltung eine Gegenforderung in gleicher Höhe in Rechnung gestellt habe. Das Berufungsgericht hatte angenommen, daß ihm in diesem Fall nur ein Anspruch auf Eigentumsübertragung erwachsen wäre, daß er aber zur Wegnahme des Holzes keineswegs berechtigt gewesen sei. Diese Annahme ging fehl. Wenn dem Angeklagten ein Anspruch auf Übertragung des Eigentums an dem Holz zustand, so war die Zueignung, mochte sie auch wider den Willen der Forstverwaltung geschehen sein, nicht rechtswidrig; die Rechtswidrigkeit der Zueignung hat ja gerade zur Voraussetzung, daß für den Wegnehmenden ein Recht auf Erwerb des Eigentums an der Sache nicht besteht. Anders liegt der Fall, wenn jemand einem anderen eine Sache wegnimmt, um sich wegen einer Geldforderung bezahlt zu machen. Zu prüfen war, ob die Verurteilung wegen Forstpolizeiübertretung sich aufrechterhalten ließ. Das Reichsgericht bemerkte dazu, daß bezüglich desselben Holzes niemals Diebstahl in Tateinheit mit einer Forstpolizeiübertretung, begangen durch Wegnahme des Holzes, vorliegen kann; der Diebstahl hat eine unbefugte, die Forstpolizeiübertretung eine an sich befugte, aber ordnungswidrige Wegnahme zur Voraussetzung. Beide Tatbestände schließen sich also aus. (II, 30. Mai 1930.)

Amtl. Sammlg. S. 210—214.

Vgl. Bd. 1 S. 193; Bd. 12 S. 88.

72. Hauptverhandlungsprotokoll. Urteilsgründe. (StPO. §§ 271, 273.) Ein Protokoll über die Hauptverhandlung schloß mit der Urteilsformel und der Wiedergabe eines Beschlusses über Bewährungsfrist sowie der Beurkundung der Rechtsmittelbelehrung ab; es war vom Urkundsbeamten unterzeichnet. Daran schlossen sich sofort die Urteilsgründe, die von dem Vorsitzenden und den Beisitzern, aber nicht vom Urkundsbeamten unterzeichnet waren. Das Reichsgericht erklärte die Fassung für mangelhaft. Das Urteil war nicht vollständig in das Protokoll aufgenommen, da hiefür die Unterschrift des Urkundsbeamten am Schluß des Protokolls erforderlich gewesen wäre. Die Anbringung der Unterschrift des Urkundsbeamten an einer Stelle vor den Urteilsgründen bewies, daß das Protokoll schon an dieser Stelle abgeschlossen wurde und daß die Urteilsgründe wohl dem Protokoll angefügt, aber nicht in dieses aufgenommen wurden. Demgemäß fehlte unter dem Protokoll die Unterschrift des Vorsitzenden. Auf dem Mangel beruhte aber das Urteil nicht. (II, 2. Juni 1930.) Amtl. Sammlg. S. 214—215

Vgl. Bd. 42 S. 170; Bd. 47 S. 235.

73. Meineid. Widerruf. Milderungsgründe. (StGB. §§ 157, 158.) Ein Mann namens E. S. wurde wegen Betrugs verfolgt und hielt sich unter dem Namen G. F. in Berlin auf. Unter diesem Namen leistete er auch einen Eid in einer schöffengerichtlichen Verhandlung. Nach Entdeckung des Sachverhalts wurde er wegen Betrugs verhaftet. In der Untersuchungshaft wurde ihm eine Ladung als Zeuge unter dem Namen G. F. zugestellt; er teilte daraufhin der Staatsanwaltschaft mit, daß er nicht G. F., sondern E. S. heiße. Das Schwurgericht verurteilte ihn wegen Meineids, ermäßigte aber mit Rücksicht darauf, daß der Angeklagte durch die Offenbarung seines richtigen Namens bei der Eidesleistung sich der Strafverfolgung wegen Betrugs ausgesetzt hätte, die an sich verwirkte Strafe auf ein Drittel. Die Revision des Angeklagten führte zur Aufhebung des Urteils. Es war zu prüfen, ob in dem Schreiben des Angeklagten an die Staatsanwaltschaft nicht ein Widerruf der falschen Zeugenaussage lag; das traf zu, wenn der Angeklagte mit seiner Erklärung bewußt und gewollt zum Ausdruck brachte, daß er die Unwahrheit seiner Aussage anerkenne. Wegen des Meineids war zu dieser Zeit noch kein Strafverfahren gegen ihn eingeleitet. Der Umstand, daß er in der Betrugssache mit der Aufdeckung des wahren Sachverhalts rechnen mußte, also nicht freiwillig, sondern aus einer gewissen Zwangslage heraus handelte, schloß die Anwendung des § 158 StGB. nicht aus. Ebensowenig stand ihr entgegen, daß die Erklärung des Angeklagten nicht an das Gericht, vor dem er den Meineid geschworen hatte, sondern an die Staatsanwaltschaft des übergeordneten Gerichts ging; sie war immerhin dazu bestimmt, an das Gericht weitergeleitet zu werden. Allerdings war die Strafe schon auf

Grund des § 157 StGB. ermäßigt worden und eine weitere Ermäßigung auf Grund des § 158 war infolgedessen ausgeschlossen; es bestand aber die Möglichkeit, daß das Schwurgericht bei richtiger Auffassung der Sachlage von vorneherein zu einer niedrigeren Strafe gekommen wäre. (III, 2. Juni 1930.)

Amtl. Sammlg. S. 215—219.

Vgl. Bd. 27 S. 148; Bd. 28 S. 162, 184, 424; Bd. 60 S. 159; Bd. 62 S. 303.

74. Glücksspiel. Ausspielung. (StGB. §§ 284, 286.) Ein in einer Wirtschaft aufgestellter Spielapparat wurde in der Weise in Tätigkeit gesetzt, daß Spielmarken, die beim Wirt käuflich zu beziehen waren, eingeworfen wurden; dadurch kam eine Kugel ins Rollen und wenn diese in das im Apparat angebrachte Faß fiel, bekam der Spieler Marken, für die er beim Wirt Speisen und Getränke beziehen konnte. Das Berufungsgericht verurteilte den Aufsteller des Apparats wegen Veranstaltung eines Glücksspiels; es nahm an, daß das Spiel um Vermögenswerte ging, da die Spielmarken gegen Geld erworben werden mußten und die vom Apparat ausgegebenen Marken vom Wirt in Zahlung genommen wurden. Diese Feststellungen ermöglichten keine abschließende rechtliche Beurteilung des Sachverhalts. Ersichtlich fielen den Spielern nur Marken, kein Bargeld zu. Gingen die Spielverträge dahin, daß der Wirt, sei es als Vertreter des Angeklagten, sei es als selbst am Spiel Beteiligter, verpflichtet war, den Gewinnern die Marken in Geld umzuwechseln, so lag ein Vergehen nach §§ 284, 285 StGB. vor. Sollten dagegen die Marken auf Waren, welche der Wirt in seinem Geschäftsbetrieb darbot, gezahlt werden, so war die Möglichkeit nicht ausgeschlossen, daß nach dem Sinne der Abrede solche Waren den Gegenstand des Spiels und somit den Gewinngegenstand bildeten. In diesem Falle war die Handlung als Ausspielung nach § 286 StGB. zu beurteilen. Das wurde auch nicht dadurch in Frage gestellt, daß die Gewinner hinsichtlich der Waren eine große Auswahl hatten, denn dem Begriff der Ausspielung ist auch dann genügt, wenn die ihren Gegenstand bildende, nicht in Geld bestehende Sache auch nur mehr oder minder bestimmt ist. Ging dagegen der Sinn der Spielabrede dahin, daß der Wirt die Marken ganz allgemein auf Zechschulden, welche die Spieler bei ihm gemacht hatten oder noch machen würden, in Zahlung genommen hatte, so daß also nicht irgendeine bestimmte oder bestimmbare Ware als solche

zum unmittelbaren Gegenstand der Ausspielung gemacht wurde, so war keine Ausspielung gegeben. (III, 2. Juni 1930.)
Amtl. Sammlg. S. 219—222.
Vgl. Bd. 3 S. 123; Bd. 5 S. 432; Bd. 10 S. 245; Bd. 28 S. 236; Bd. 29 S. 66; Bd. 34 S. 447.

75. Falsches Konto. Steuerhinterziehung. Gesetzeseinheit. (RAbgO. §§ 359, 371.) Die Führung eines falschen Kontos ist in § 371 RAbgO. zu einem selbständigen Vergehen ausgestaltet. Ihrem Wesen nach ist sie eine Vorbereitungshandlung zur Steuerhinterziehung. Schreitet der Täter über sie hinaus zur versuchten oder vollendeten Steuerhinterziehung fort, so liegt Gesetzeseinheit vor und eine Bestrafung aus § 371 kommt nicht mehr in Frage. (III, 5. Juni 1930.)
Amtl. Sammlg. S. 222.
Vgl. Bd. 48 S. 161; Bd. 51 S. 381; Bd. 55 S. 128; Bd. 62 S. 246.

76. Verleitung zum Meineid. (StGB. §§ 48, 154, 159, 160.) Die Aufforderung, bei einer bevorstehenden Zeugenaussage, von der man weiß, daß sie unter Eid zu geschehen hat, jemand nicht so sehr hereinzulegen, erfüllt den Tatbestand einer unternommenen Verleitung zum Meineid. Die Strafe ist selbst dann verwirkt, wenn das Unternehmen völlig erfolglos bleibt. Eine Vergünstigung für den Fall zu gewähren, daß es nur zur Ableistung eines fahrlässigen Falscheides kommt, und in diesem Fall nur wegen Anstiftung zu einem fahrlässigen Falscheid oder wegen Verleitung zu einem solchen zu strafen, liegt nicht im Sinne des Gesetzes. Schon die bloße Betätigung des Willens zur Meineidsverleitung genügt zur Erfüllung des Tatbestandes. Verleitung zum fahrlässigen Falscheid liegt nur vor, wenn nach der Vorstellung des Verleiters der Falscheid gutgläubig geleistet wird. (II, 5. Juni 1930.) Amtl. Sammlg. S. 223—225.
Vgl. Bd. 34 S. 431.

77. Blankettfälschung. Betrug. Vermögensverfügung. Vermögensgefährdung. Beschädigung. Tateinheit. (StGB. §§ 73, 263, 267; WO. Art. 5.) Ein Wechselblankett enthielt nur in Ziffern die Angabe der Wechselsumme mit 320 Reichsmark; in diesem Zustand wurde es vom Akzeptanten unterzeichnet. Der Aussteller setzte in Buchstaben als Wechselsumme den Betrag von 520 Reichsmark ein und änderte die Angabe in Ziffern entsprechend ab; dann begab er den Wechsel weiter an einen gutgläubigen Erwerber, der ihn diskontierte. Die Verurteilung wegen Urkundenfälschung in Tateinheit mit Betrug wurde bestätigt. Indem der Angeklagte die vom Akzeptanten abgegebene wechselmäßige Unterschrift zu einer Wechselschuld von 520 Reichsmark in Beziehung setzte, gab er dem Wechsel entgegen den Anordnungen des Akzeptanten durch Ausfüllung einen urkundlichen Inhalt. Das Papier war schon aber in dem Zustand, in dem es sich befand, als der Angeklagte Änderungen daran vornahm und Einträge machte, eine Urkunde. Es hatte zwar noch nicht die Natur eines Wechsels und niemand hätte aus ihm klagen können. Aber die Unterzeichnung des Papiers durch den Akzeptanten und seine Aushändigung an den Angeklagten hatte bereits die Wechselverbindlichkeit des Akzeptanten geschaffen und dessen Unterschrift zusammen mit der in Ziffern gemachten Angabe des Wechselbetrags lieferte den Beweis dafür, daß der Akzeptant für diesen Betrag eine Wechselverpflichtung gegenüber dem Angeklagten eingegangen hatte. Wenn der Angeklagte der Urkunde, wie sie in diesem Zeitpunkt bestand, durch eine Änderung der Ziffern einen anderen Inhalt gab, verfälschte er sie. Zwischen der falschen Ausfüllung und der Verfälschung bestand Tateinheit. Auch der Tatbestand des Betrugs war erfüllt. Sowohl der Akzeptant als der Erwerber des Wechsels waren in ihrem Vermögen geschädigt. Wenn der Akzeptant zahlungsfähig war, hatte allerdings der Erwerber des Wechsels den Gegenwert für den gezahlten Betrag erlangt; er war aber doch geschädigt, weil er den Wechsel als einen ordnungsmäßigen entgegengenommen hatte, während infolge der vom Angeklagten begangenen Fälschung mit der Gefahr zu rechnen war. daß der Akzeptant beim Versuch, den Wechselbetrag von 520 Reichsmark einzuziehen, Schwierigkeiten bereiten und die Führung eines Rechtsstreits nötig machen würde. Eine darin liegende Vermögensgefährdung steht einer Vermögensbeschädigung gleich. Eine solche lag auch darin, daß ein Wechsel, der mit einem solchen Mangel behaftet ist und dessen Mangel jederzeit durch eine aufmerksame Betrachtung oder sonstwie bekannt werden kann, in seiner Umlauffähigkeit beeinträchtigt ist und daß ihm darum im Verkehr ein geminderter Wert zukommt. Infolge der durch die falsche Vorspiegelung erreichten Begebung des Wechsels war aber auch das Vermögen des Akzeptanten geschädigt worden. Der Getäuschte und der Geschädigte brauchen nicht dieselbe Person zu sein. Allerdings gehört zum Tatbestand des Betrugs, daß der Getäuschte über das Vermögen des Geschädigten verfügen kann; der im Gesetz selbst nicht zum Ausdruck gebrachte tatbeständliche Begriff des Verfügens darf aber nicht zu eng aufgefaßt werden. Er kann nichts anderes bedeuten, als daß durch den vom Täter erregten Irrtum der Getäuschte zu einem rechtsgeschäftlichen Handeln bestimmt wird, das rechtlich in den Vermögensbestand eines anderen eingreift. Ein Sachverhalt dieser Art war hier gegeben. Indem der Erwerber des Wechsels gutgläubig den auf 520 Reichsmark lautenden, mit der echten Unterschrift des Akzeptanten versehenen Wechsel annahm, brachte er die bis dahin nicht vorhanden gewesene Wechselverpflichtung des Akzeptanten über 520 Reichsmark zur Entstehung und belastete unmittelbar, ohne sich dessen bewußt zu sein, das Vermögen des Akzeptanten mit dieser Verpflichtung. Die vom Angeklagten durch Täuschung herbeigeführte Handlung des Erwerbers bewirkte also eine Vermögensbeschädigung des Akzeptanten und verwirklichte damit das Tatbestandsmerkmal der Verfügung über dessen Vermögen. (I, 27. Mai 1930.)

Amtl. Sammlg. S. 226—229.

Vgl. Bd. 11 S. 8; Bd. 39 S. 31; Bd. 49 S. 16; Bd. 51 S. 166.

78. **Umsatzsteuer. Rechtsmittelverzicht. Zustellung. Eingerichteter Raum. Versuch. Wahnvergehen. Tateinheit.** (StGB. § 73; RAbgO. §§ 4, 70, 212, 233, 238, 360, 433; UmsStG. § 2.) Der Eigentümer eines Grundstücks errichtete auf diesem mehrere Buden und vermietete sie an Händler, die dort ihre Waren zum Verkauf brachten; das gleiche tat er mit zwei von ihm gemieteten Plätzen. Es wurde eine Umsatzsteuer von ihm verlangt. Er legte gegen die Veranlagung Einspruch ein. In der Verhandlung erklärte der Vertreter des Finanzamts, daß dieses bereit sei, die Steuer auf einen bestimmten Betrag herabzusetzen. Der Steuerschuldner zeigte daraufhin dem Finanzamt schriftlich an, daß er mit einer Veranlagung entsprechend diesem Vorschlag einverstanden sei. Damit brachte er den Willen, im Rechtsmittelverfahren nicht weiter vorzugehen, wenn die Steuer auf seinen Einspruch hin in der vorgeschlagenen Weise festgesetzt würde, unzweideutig zum Ausdruck. Die Reichsabgabenordnung regelt allerdings nur den Verzicht auf Einlegung von Rechtsmitteln, der erklärt wird, nachdem die Behörde den Bescheid erlassen hat. Die Zulässigkeit eines im voraus erklärten Verzichts ist aber jedenfalls dann nicht grundsätzlich zu verneinen, wenn der Verzicht ausdrücklich und bestimmt kundgetan wird und den Steuerpflichtigen nicht der Willkür der Behörden preisgibt. Das trifft besonders dann zu, wenn die Steuerbehörde sich mit dem Steuerpflichtigen über die Grundlagen der Besteuerung verständigt. Voraussetzung einer solchen Verständigung ist aber, daß die

Steuerpflicht dem Grunde nach besteht. Niemals kann jemand' der nicht nach den Steuergesetzen eine Steuer als Steuerschuldner zu entrichten hat, durch ein Abkommen mit der Steuerfestsetzungsbehörde in eine Steuerpflicht genommen werden, gleichviel, ob er die Einigung im Glauben an seine Steuerpflicht eingeht oder gegen seine Überzeugung nachgibt, um die Last einer weiteren Auseinandersetzung zu vermeiden; denn die Entstehung des Steueranspruchs, der auf öffentlichem Recht beruht, ist an die Merkmale gebunden, die das einzelne Steuergesetz dafür bestimmt. Der im voraus kundgegebene Verzicht muß wirkungslos bleiben, soferne und soweit durch die Entscheidung des Finanzamts die Bestimmungen über die Steuerpflicht verletzt werden. Soweit also eine Umsatzsteuerpflicht nicht bestand, wurde der auf den Einspruch ergangene Bescheid trotz der Verzichtserklärung nicht rechtskräftig. Vermietungen von Grundstücken sind mit Ausnahme von Vermietungen eingerichteter Räume von der Besteuerung ausgenommen. Bei der Prüfung der Frage, ob eingerichtete Räume vorlagen, war der Zweck und die wirtschaftliche Bedeutung des Gesetzes sowie die Entwicklung der Verhältnisse zu berücksichtigen. Bei Grundstücken, die zur Abhaltung von Märkten bestimmt sind, ist der Begriff der Einrichtung erfüllt, wenn sie durch irgendwelche vom Vermieter getroffene besondere Vorkehrungen in einen Zustand versetzt sind, der den mietenden Händlern die Ausübung des Handels gestattet, ohne daß sie ihrerseits etwas anderes dafür beizubringen brauchen als die Waren, die Mittel zu deren Beförderung, die Waagen und sonstige Geräte, die regelmäßig hin- und hergeschafft werden. Unerheblich ist, ob die Vorkehrungen mit dem Grund und Boden verbunden oder beweglich auf ihm aufgestellt werden. Damit waren aber die Grundstücke nicht zu Räumen geworden. Hätte das Gesetz den Begriff der Räume dem der Grundstücke nicht im Sinne einer Einengung gegenübergestellt, hätte es mit Räumen alle irgendwie begrenzten Teile der Erdoberfläche, also Grundstücke jeder Art bezeichnen wollen, so hätte es keinen Anlaß zu einem Wechsel des Ausdrucks gehabt. Der aus dem Wechsel des Ausdrucks hervorgehende Unterscheidungswille des Gesetzes konnte sich nur dahin richten, daß die für die Vermietung eingerichteter Grundstücke vorgeschriebene Besteuerung zwar bebaute, nicht aber auch unbebaute Grundstücke erfassen solle. Auch in anderen Gesetzen (StGB. §§ 123, 243; BGB. §§ 544, 865) erscheint eine gewisse bauliche Abgeschlossenheit als ein Erfordernis der Räume. Andernfalls müßten Hopfengärten, in denen Stecken, Weinberge, in denen Pfähle aufgesteckt sind, Trockenplätze, in denen Pfosten zum Aufhängen der Wäsche eingerammt sind, als Räume angesehen werden. Auch der Reichsfinanzhof hat die Umbauung als Merkmal der Räume anerkannt. Da hiernach der Angeklagte nicht zur Entrichtung einer Umsatzsteuer verpflichtet war, konnte auch seinem Verzicht auf Einlegung der Berufung, den er in den Verständigungsverhandlungen mit der Finanzbehörde geoffenbart hatte, keine Wirkung zugebilligt werden. Es war zu prüfen, ob der Einspruchbescheid durch Fristablauf rechtskräftig geworden war. Er war dem Angeklagten selbst, nicht seinem Vertreter zugestellt worden. Die Zustellung an den Bevollmächtigten ist im Steuerrechtsmittelverfahren nicht in dem Sinne zwingend vorgeschrieben, daß eine Zustellung an den Steuerschuldner selbst der Wirkung auch dann entbehrt, wenn sie dem kundgegebenen Willen der Beteiligten entspricht. Im vorliegenden Fall war dem Bevollmächtigten des Angeklagten mitgeteilt worden, daß der Bescheid dem Angeklagten zugestellt werden würde; er hatte dagegen keinen Einwand erhoben. Aus diesem Schweigen war sein Einverständnis mit der Zustellung an den Angeklagten zu entnehmen. Da innerhalb der Berufungsfrist ein Rechtsmittel nicht eingelegt wurde, erlangte also der Bescheid die Rechtskraft. Dem Strafverfahren lag hiernach eine rechtskräftige Entscheidung des Finanzamts zugrunde, daß ein Einspruch auf Entrichtung der Umsatzsteuer bestand und von dem Angeklagten verkürzt worden war. Von dieser rechtskräftigen Entscheidung mußte aber das Gericht abweichen, weil sie dem Gesetz widersprach. Die Sache wurde an das Schöffengericht zurückverwiesen. Führte die neue Verhandlung zur Feststellung desselben Sachverhalts und begründete sie abermals den Nachweis, daß der Angeklagte mit dem Willen der Verkürzung von Steuereinnahmen gehandelt hatte, so hatte das Schöffengericht die Akten dem Reichsfinanzhof zu übersenden, damit dieser darüber entschied, ob die von dem Angeklagten vorgenommenen Vermietungen der Umsatzsteuer unterlagen. An diese Entscheidung war dann das Gericht gebunden. Verneinte der Reichsfinanzhof die Frage, so konnte der Angeklagte nicht wegen versuchter Hinterziehung der Umsatzsteuer verurteilt werden. Zwar steht der Mangel der Steuerpflicht der Annahme eines strafbaren Versuchs der Steuerhinterziehung keineswegs grundsätzlich entgegen (RAbgO. §§ 359, 360). Die Strafbarkeit des Versuchs beruht aber in diesem Falle darauf, daß die Täter in ihrem steuerunehrlichen Vorgehen durch falsche Vorstellungen über tatsächliche Verhältnisse geleitet werden. Der Angeklagte hatte aber lediglich über die Tragweite des Gesetzes geirrt und seine Tat zufolge eines Irrtums über die Anwendbarkeit einer steuerrechtlichen Strafvorschrift für verboten gehalten. Es lag somit ein strafloses Wahnvorgehen vor. Der Angeklagte war auch wegen Einkommensteuerhinterziehung verurteilt worden; das Schöffengericht hatte zwischen den beiden Hinterziehungen Tateinheit angenommen. Das erklärte das Reichsgericht für falsch. Zwar konnte ein Fortsetzungszusammenhang sowohl hinsichtlich der über zwei Jahre erstreckten Hinterziehung der Umsatzsteuer als auch hinsichtlich der in mehrere Einzelhandlungen zerfallenden Hinterziehung der Einkommensteuer angenommen werden; dagegen fehlten die rechtlichen Voraussetzungen des Verhältnisses der Tateinheit zwischen den in gesonderten Handlungen verübten Verletzungen der verschiedenen Steuergesetze, da getrennte Steuervoranmeldungen und Steuererklärungen eingereicht waren. (II, 5. Juni 1930.) Amtliche Sammlung S. 229—239. Vgl. Bd. 55 S. 138; Bd. 56 S. 107, 316; Bd. 59 S. 258; Bd. 61 S. 115; Bd. 62 S. 322; Bd. 63 S. 64.

79. Ladung. Zustellung. Entschuldigung. (StPO. §§ 37, 181, 233, 329.) In einem Verfahren wegen Abtreibung wurde die Angeklagte auf ihr Ersuchen von der Pflicht zum persönlichen Erscheinen entbunden. Das Schöffengericht verurteilte sie zu einer Gefängnisstrafe. Ihr Rechtsanwalt legte Berufung ein, beschränkte diese aber auf das Strafmaß. In der Ladung zur Berufungsverhandlung wurde die Angeklagte darauf hingewiesen, daß im Falle ihres unentschuldigten Ausbleibens die Berufung verworfen würde. Die Ladung wurde ihrem Dienstherrn zugestellt. Auch der von ihr bevollmächtigte Verteidiger wurde zum Termin geladen. Vor dem Termin legte ein anderer Rechtsanwalt eine Vollmacht als Verteidiger vor; seine Ladung zum Termin unterblieb aus Versehen. Er erschien gleichwohl im Termin und erklärte, daß die Angeklagte kein Reisegeld gehabt habe, um selbst erscheinen zu können; auch legte er zwei Schreiben ihres Dienstherrn vor, worin deren Ausbleiben entschuldigt wurde. Sein Antrag, die Angeklagte von der Pflicht zum Erscheinen zu entbinden und ihn als Vertreter zuzulassen, wurde zurückgewiesen, ebenso ein Gesuch um Wiedereinsetzung in den vorigen Stand und die Beschwerde gegen die Abweisung. Die Revision hatte Erfolg. Die Angeklagte war rechtswirksam geladen; als Vermieter im Sinne der Zustellungsvorschriften gilt auch, wer einer Hausangestellten auf Grund des Dienstverhältnisses die

Wohnung gewährt. Der Beschluß des Amtsgerichts, durch den die Angeklagte von der Verpflichtung zum Erscheinen entbunden war, hatte keine Wirkung für die Berufungsverhandlung. Solange die Angeklagte für diese nicht von der Verpflichtung zum persönlichen Erscheinen entbunden war, bestand diese Verpflichtung für sie auch ohne besondere Anordnung. Daß dem Verteidiger eine Ladung zum Termin nicht zuging, machte nichts aus, da er auf anderem Wege von dem Termin so rechtzeitig Kenntnis erhalten hatte, daß er die Angeklagte über ihre Verpflichtung zum Erscheinen hätte belehren können. Als Vertreter der Angeklagten konnte er nicht auftreten, da diese von der Verpflichtung zum Erscheinen nicht entbunden war; sein dahingehender Antrag war mit Recht zurückgewiesen worden, weil er ohne eine besonders hierauf gerichtete Ermächtigung der Angeklagten zur Stellung eines solchen Antrags nicht berechtigt war. Dagegen war das Ausbleiben der Angeklagten mit Unrecht als unentschuldigt angesehen worden. Als genügender Entschuldigungsgrund sind nicht nur unabwendbare Zufälle anzusehen, deren Nachweis gegebenenfalls eine Wiedereinsetzung in den vorigen Stand rechtfertigen würde. Verfehlt wäre es auch, Rechtsirrtümer grundsätzlich von den Entschuldigungsgründen auszuschließen und einen Irrtum oder ein Versehen des Verteidigers grundsätzlich zuungunsten des Angeklagten zu verwerten. Vielmehr ist jeweils unter Berücksichtigung der gesamten Verhältnisse, der besonderen Umstände des Falles und der persönlichen Verhältnisse des Angeklagten, zu prüfen, ob das Ausbleiben als unentschuldigt angesehen werden kann. Diese Prüfung ist von Amts wegen vorzunehmen; darum mußte auch der Inhalt der vom Verteidiger der Angeklagten übergebenen Schreiben beachtet werden, obwohl der Verteidiger nicht berechtigt war, als ihr Vertreter aufzutreten. Aus den Schreiben ergab sich, daß die Angeklagte nur durch ihre Mittellosigkeit und die große Entfernung ihres Wohnsitzes vom Gerichtssitz am Erscheinen verhindert war. Das Berufungsgericht hatte angenommen, daß sie Zeit genug gehabt hätte, das Gericht von ihrem Geldmangel zu benachrichtigen und daß sie dann auf Ersuchen des Gerichts eine Fahrkarte durch die Polizei erhalten hätte; dabei war aber nicht geprüft worden, ob die Angeklagte, ein einfaches Dienstmädchen, an eine solche Möglichkeit gedacht hatte und ob ihr, wenn das nicht der Fall war, das zum Verschulden angerechnet werden konnte. Es lag daher auch die Annahme nahe, daß die Angeklagte, nachdem sie im ersten Rechtszug von der Verpflichtung zum Erscheinen entbunden gewesen war, sich über ihre Pflicht zum Erscheinen in einem entschuldbaren Irrtum befand. (I, 17. Juni 1930.)

Amtliche Sammlung S. 239—247.

Vgl. Bd. 54 S. 210; Bd. 61 S. 175, 278.

80. Unlauterer Wettbewerb. Größerer Kreis. (UnlWG. § 4.) Ein reisender Teppichhändler versicherte mehreren Kunden, denen er seine Teppiche anbot, er könne erheblich billiger liefern als die Teppichhändler am Orte, weil er den Zwischenhandel ausgeschaltet habe. Er wurde vom Landgericht wegen unlauteren Wettbewerbs verurteilt. Das Reichsgericht sprach ihn frei. Wenn er auch vorhatte, die gleiche Mitteilung noch möglichst zahlreichen Personen zu machen, lag doch keine für einen größeren Kreis von Personen bestimmte Mitteilung vor; es fehlte an einer für alle Empfänger der Mitteilung unverändert gleichbleibenden äußeren Gestaltung der Mitteilung, da es ausgeschlossen war, daß in allen Fällen die Mitteilung das gleiche sprachliche Gewand trug. (III, 19. Juni 1930.) Amtliche Sammlung S. 247—248.

Vgl. Bd. 40 S. 122; Bd. 45 S. 362.

81. Durchschrift. Urkunde. Falschbeurkundung. (StGB. § 348.) Ein Steuervollziehungsbeamter war ermächtigt, Zahlungen der Schuldner entgegenzunehmen. Er hatte in diesem Falle zwei Quittungsformblätter von verschiedener Farbe (weiß und grün) auszufüllen in der Weise, daß er das weiße Formblatt beschrieb und mittels Durchschrift das grüne Formblatt ausfüllte. Die weiße Quittung hatte er dem Schuldner zu übergeben, die grüne mit dem Geld an der Kasse des Finanzamts abzuliefern. In mehreren Fällen setzte er auf der weißen Quittung das Datum richtig ein, während die grüne Quittung kein Datum enthielt. Er wurde wegen Falschbeurkundung verurteilt. Der Beweiswert des grünen Formblatts erstreckte sich nicht nur auf die Bescheinigung der Zahlung und der näheren Angaben hierüber, sondern nach ihrer äußerlich erkennbaren Eigenschaft als Durchschrift auch auf die rechtserhebliche Tatsache, daß noch eine Fertigung der Urkunde vollkommen gleichlautenden Inhalts vorhanden war. Indem der Angeklagte bei der Herstellung der beiden Fertigungen den Gleichlaut vorsätzlich verhinderte, bescheinigte er die unwahre Tatsache, daß die beiden Fertigungen übereinstimmten. (I, 27. Juni 1930.) Amtliche Sammlung S. 249.

82. Reichsfarben. Sachbeschädigung. Diebstahl. Unfug. (StGB. §§ 135, 242, 303, 360 Nr. 11.) Eine Fahne in den Reichsfarben wurde von mehreren Personen heruntergeholt und in einen Fluß versenkt; sie wurde nicht wieder gefunden. Das

Landgericht verurteilte wegen groben Unfugs; das Reichsgericht verwies die Sache zurück. Die Annahme eines Diebstahls war mit Recht abgelehnt worden. Das Landgericht hatte festgestellt, daß die Angeklagten nicht die Absicht hatten, die Fahne zu behalten; die Absicht eigenmächtigen Verfügens über eine fremde Sache genügt nicht für den Zueignungsbegriff, wenn auch die Absicht der Beseitigung die Absicht der Zueignung nicht ausschließt. Das Vorliegen einer Sachbeschädigung war verneint worden, weil die Fahne dadurch, daß sie in das Wasser geworfen wurde, in ihrer Substanz nicht beschädigt worden sei. Das war rechtsirrig. Eine Sache kann auch dadurch beschädigt werden, daß auf sie in einer Weise eingewirkt wird, die zwar keine stoffliche Verringerung des Gegenstands, wohl aber eine belangreiche Veränderung der äußeren Erscheinung und Form mit sich bringt. Es war wohl denkbar, daß die Fahne durch das lange Liegen im Wasser so verändert wurde, daß sie als Fahne nicht mehr gebraucht werden konnte. Das Landgericht hatte zwar das Gegenteil festgestellt; diese Feststellung widersprach aber der Erfahrung des täglichen Lebens und war darum für das Revisionsgericht nicht bindend. Bei der neuen Würdigung war aber die Sache auch nach einer anderen Richtung zu prüfen. Das Fahnentuch war an einem Mast befestigt gewesen; es hatte mit diesem ein einheitliches Ganzes, die Fahne im weiteren Sinne gebildet. Demzufolge ergab sich die Frage, ob nicht durch die Entfernung des Fahnentuchs dieses einheitliche Ganze in seine Bestandteile zerlegt und dadurch beschädigt oder zerstört wurde. Weiter kam in Betracht, ob nicht die Fahne zur Verschönerung eines öffentlichen Platzes gedient hatte; durch den Umstand, daß sie nur für kurze Zeit angebracht war, wurde das nicht ausgeschlossen, da mit dem Begriff „dienen" die Bezeichnung eines Dauerzustandes nicht notwendig verbunden ist. Als öffentliches Hoheitszeichen des Reiches war die Fahne nicht anzusehen. Auch grober Unfug lag nicht vor. Das Landgericht hatte diese Annahme damit begründet, daß durch das Verhalten der Angeklagten eine große Beunruhigung in die Behörden und die Bevölkerung der Stadt hineingetragen worden sei. Wenn das aber zutraf, war die Beunruhigung nicht dadurch verursacht worden, daß die Behörden und die Bevölkerung die Handlung der Angeklagten wahrnahmen, sondern dadurch, daß sie durch die Presse oder auf andere Weise davon erfuhren. Eine Unmittelbarkeit zwischen der Tat und der Störung oder Gefährdung des äußeren Tatbestandes der öffentlichen Ordnung war also nicht gegeben. Das frühere

Republikschutzgesetz war am Tage der Tat schon außer Kraft. (I, 27. Juni 1930.) Amtliche Sammlung S. 250—253. Vgl. Bd. 13 S. 27; Bd. 19 S. 294; Bd. 20 S. 182, 313; Bd. 31 S. 185; Bd. 35 S. 355; Bd. 43 S. 204; Bd. 48 S. 176; Bd. 61 S. 228; Bd. 63 S. 286.

83. Grunderwerbsteuer. Veräußerungsgeschäft. Bindendes Angebot. Verzicht. Abtretung. (GrunderwStG. §§ 5, 6, 11, 12, 20.) F. bot im November 1923 durch einen notariell beurkundeten Vertrag S. ein Grundstück für 50000 RM. an und band sich auf 4 Jahre an das Angebot. S. leistete eine Anzahlung und nahm das Grundstück in Besitz und Bewirtschaftung. Im März 1925 erbot er sich F. gegenüber, einen anderen Käufer beizubringen. Er fand einen solchen in K. Das Rechtsgeschäft wurde in der Weise beurkundet, daß in einer Urkunde S. auf das Angebot verzichtete, in der anderen F. das Grundstück an K. verkaufte. Der Kaufpreis wurde mit 50000 Reichsmark angegeben; in Wirklichkeit betrug er 69000 Reichsmark; 19000 Reichsmark erhielt S. Die Steuerbehörden nahm an, daß wirtschaftlich zwei Verkäufe des Grundstücks stattgefunden hätten, der eine zwischen F. und S., der auf Grund des bindenden Angebots die Möglichkeit erlangt habe, wie ein Eigentümer über das Grundstück zu verfügen, der zweite zwischen S. und K., dem nicht F., sondern S. das Grundstück veräußert habe; für den ersten Kauf sei die Steuer durch Umgehung, für den zweiten durch Verschweigen des Überpreises hinterzogen worden. Das Landgericht kam zu der Auffassung, daß dem Verkauf des Grundstücks von F. an K., nur ein Angebot des F. an S. vorhergegangen sei und daß S. seine Rechte aus diesem Angebot für 19000 Reichsmark an K. abgetreten habe; diese Abtretung sei als Veräußerungsgeschäft im Sinne des Grunderwerbsteuergesetzes (§ 5 Abs. 1, Abs. 4 Nr. 2) anzusehen; für den Betrag von 19000 Reichsmark, den S. mit K. als Entgelt für die Abtretung seiner Rechte aus dem Kaufgebot vereinbart habe, sei die Grunderwerbsteuer hinterzogen worden. Das Reichsgericht verwies auf die Revision des S. die Sache zurück. Bei der Beurteilung der Vorgänge war von dem Rechtsgeschäft vom November 1923 auszugehen. Bedeutete dieses nichts weiter als ein nur F. bindendes Angebot, so war darin kein Veräußerungsgeschäft im Sinne des Grunderwerbsteuergesetzes zu erblicken. Beschränkte sich der Angeklagte im März 1925 darauf, auf seine Rechte aus jenem Angebot zu verzichten, so war grunderwerbsteuerpflichtig nur der Verkauf des Grundstücks von F. an K. Stellte dagegen der Verzicht des Angeklagten in Wirklichkeit eine Abtretung der ihm aus dem Angebot zustehenden Rechte an K. dar, so war das nach § 5 Abs. 4 Nr. 2 GrunderwStG. als ein Veräußerungsgeschäft zwischen dem Angeklagten und K. anzusehen und dieser wurde nach § 5 Abs. 3 dadurch selbständig steuerpflichtig, daß der Verkauf des Grundstücks binnen Jahresfrist zum Eigentumsübergang führte. In diesem Fall war also die volle Grunderwerbsteuer zweimal geschuldet, einmal von F. und K. als Gesamtschuldner für den Verkauf mit nachfolgendem Eigentumsübergang und ein zweites Mal von S. und K. als Gesamtschuldners für die zwischen ihnen vereinbarte Abtretung der Rechte aus dem Verkaufsvertrag. Das Reichsgericht fand die Merkmale einer Abtretung der Rechte aus dem Angebot gegeben. Der Angeklagte hatte sich erboten, an seiner Stelle einen anderen Käufer zu besorgen; F. war damit einverstanden gewesen; die Verhandlungen führten zu der Einigung, daß K. an Stelle des Angeklagten das Grundstück von F. erwarb. Da die Abtretung mit dem im Anschluß an den Verkauf des Grundstücks an K. erfolgten Eigentumsübergang steuerpflichtig wurde, ohne als solche beurkundet zu sein, war der Angeklagte verpflichtet, der Steuerbehörde Anzeige zu erstatten. Das unterließ er, obwohl er sich der Steuerpflicht eines solchen Abkommens bewußt war oder doch mindestens mit der Möglichkeit der Steuerpflicht rechnete und auch für diesen Fall die Hinterziehung der Steuer billigte. Daß er die Verzichtsurkunde verstempeln ließ, stand dieser Annahme nicht entgegen; denn durch das, was im Verzicht beurkundet war, sollten die nicht beurkundeten Abmachungen mit K., insbesondere, daß der Verzicht mit 19000 Reichsmark vergütet wurde, der Steuerersparnis halber verschleiert werden. Diese Steuerersparnis war aber nach Lage der Sache keine bloße Steuerumgehung, sondern eine unmittelbare Steuerverkürzung; denn der Angeklagte verschwieg bei der Beurkundung des Verzichts einen Teil des Rechtsvorganges, nämlich die steuerpflichtige Abtretung, obgleich er gerade sie der Steuerbehörde mitzuteilen verpflichtet war und er mit dem Bestehen der Steuerpflicht rechnete. Alle Tatbestandsmerkmale einer vollendeten Steuerhinterziehung waren also gegeben. (II, 30. Juni 1930.) Amtliche Sammlung S. 253—259.

Vgl. Bd. 111 S. 47.

84. Diebstahl. Gebrauchsanmaßung. (StGB. § 242.) Zwei Burschen nahmen einen Kraftwagen, fuhren mit ihm eine Strecke weit und ließen ihn dann auf der Straße stehen. Sie wurden wegen Diebstahls verurteilt. Unbefugte Anmaßung des Gebrauchs einer Sache als solche erfüllt den Tatbestand des Diebstahls nicht; mit Zueignungsabsicht handelt nicht, wer die Herrschaft des Berechtigten nur vorübergehend zurückdrängen will, um auf Zeit eine jenem zukommende Verfügung über die Sache zu treffen, alsdann aber den rechtmäßigen Zustand wieder herzustellen. Die Absicht des Diebes muß vielmehr dahin gehen, den Sachwert des zu entwendenden Gegenstandes dem Vermögen des Berechtigten dauernd zu entziehen und ihn dem eigenen Vermögen zuzuführen. Es braucht aber damit nicht der Wille verbunden zu sein, den Gegenstand auch dauernd zu behalten. Der Tatbestand des Diebstahls wird dadurch nicht ausgeschlossen, daß der Täter sich bei der Wegnahme der Sache mit dem Plan trägt, sich ihrer nach erfolgtem Gebrauch wieder zu entäußern. Die Angeklagten hatten bei der Wegnahme des Wagens die Absicht, diesen für ihre Zwecke, solange er für sie Wert hatte, zu benutzen, und ihn alsdann an beliebiger Stelle zurückzulassen und dem Zugriff irgendwelcher Personen preiszugeben; sie hatten ferner den im Wagen befindlichen Betriebsstoff verbraucht und waren sich dieses Verbrauchs auch bewußt. Bei dieser Sachlage begegnete die Verurteilung wegen Diebstahls des Wagens und des Betriebsstoffs keinen rechtlichen Bedenken. (III, 30. Juni 1930.) Amtliche Sammlung S. 259—260.

Vgl. Bd. 49 S. 405; Bd. 50 S. 254; Bd. 52 S. 147.

85. Umsatzsteuer. Zwischenhandel. (UmsStG. § 1.) Ein Händler kaufte Futtermittel in eigenem Namen und wandte sich, sobald er von der Bahn die Nachricht über die Bereitstellung zur Entladung erhalten hatte, an seine Kunden mit der Anfrage, ob sie für die Ware Bedarf hätten; die verkauften Waren wurden durch die Käufer abgeholt. Das Reichsgericht entschied, daß hiefür keine Umsatzsteuer anfiel. Bei der Abwicklung mehrerer von verschiedenen Unternehmern über die Ware geschlossenen Umsatzgeschäfte wird die Lieferung eines Unternehmers auch durch den Erwerb und die Übertragung unmittelbaren Besitzes an der Ware dann nicht umsatzsteuerpflichtig, wenn diese ausschließlich zum Zwecke der Beförderung geschieht. Der Rahmen der bloßen Beförderung wird auch noch nicht überschritten durch die Besichtigung und Prüfung der Ware nach der Ankunft, durch den Umschlag und die Ausscheidung von Teilmengen aus einer Sammelladung sowie die damit verbundene Lagerung von beschränkter Dauer, durch die Beaufsichtigung oder persönliche Bewirkung der Ausladung, auch nicht durch die Übergabe an den Abnehmer, sei es unmittelbar auf dem Bahnhof, sei es nach

Abrollung zu dessen Lagerplatz, gleichviel, ob diese durch einen selbständigen Beförderungsunternehmer oder durch den Zwischenhändler und seine Leute selbst geschieht. Voraussetzung ist aber in allen Fällen, daß die Ware von dem Zwischenhändler nicht zu Verkaufszwecken auf Lager genommen ist, sondern daß sie zur Zeit seiner Inbesitznahme schon vorverkauft war. (III, 30. Juni 1930.) Amtliche Sammlung S. 260—262.

86. Beamter. Wahldauer. (StGB. § 359.) Ein Armenpfleger beging eine Unterschlagung. Gegen seine Verurteilung wegen Amtsverbrechens wandte er ein, daß er z. Zt. der Tat nicht mehr im Amte gewesen sei. Er wäre vom Wohlfahrtsamt im Jahre 1921 auf drei Jahre zum Armenpfleger eines Stadtbezirks gewählt, nach Ablauf dieser Zeit auf weitere drei Jahre wiedergewählt und nach deren Ablauf in der bisherigen Weise weiterbeschäftigt worden, ohne daß eine formelle Wiederwahl stattfand. Dieser Tatbestand trug die Verurteilung. Aus den Feststellungen des Berufungsgerichts ging hervor, daß das Amt den Willen hatte und betätigte, den Angeklagten in seiner Stellung als Armenpfleger auch nach dem November 1927 unverändert weiter zu beschäftigen und daß demzufolge die berufene Stelle ihm weiterhin Verrichtungen öffentlichrechtlicher Natur übertrug, die aus dem Staatszweck herzuleiten waren und der Verwirklichung staatlicher Zwecke dienten. Hiefür genügte auch eine formlose Berufung. (II, 3. Juli 1930.)

Amtliche Sammlung S. 262—263.

Vgl. Bd. 3 S. 420; Bd. 54 S. 202; Bd. 57 S. 366.

87. Fahrlässigkeit. Heilbehandlung. Homöopathie. Serumbehandlung. (StGB. § 222.) Ein nichtärztlicher Heilbehandler wurde von einer Frau zu Rate gezogen, deren Kind an Halsentzündung erkrankt war. Er stellte Diphteritis fest und führte die Heilbehandlung nach den Regeln der Homöopathie durch; die Beiziehung eines Arztes erklärte er für unnötig. Das Kind starb. Wegen fahrlässiger Tötung erfolgte Verurteilung zu drei Monaten Gefängnis. Die Berufung wurde verworfen. Das Reichsgericht verwies die Sache zurück. Auf Grund der neuen Verhandlung wurde die Berufung abermals verworfen. Das Reichsgericht verwies die Sache neuerdings zurück. Das erste Berufungsurteil hatte die Fahrlässigkeit des Angeklagten darin erblickt, daß er trotz der von ihm erkannten schweren Erkrankung des Kindes die Zuziehung eines Arztes unterlassen, ja davon abgeraten und die Behandlung auf gut Glück übernommen und fortgeführt habe, obwohl er sich hatte sagen müssen, daß seine

Kenntnisse hiefür nicht ausreichten. Das Reichsgericht hatte in seinem früheren Urteil erklärt, daß der ursächliche Zusammenhang zwischen der Nichtzuziehung eines Arztes und dem Tode des Kindes sowie die Schuld des Angeklagten nicht ausreichend nachgewiesen seien. Das Berufungsgericht hatte die Vernehmung weiterer Sachverständiger abgelehnt mit der Begründung, daß die Frage nach dem Werte der Serumbehandlung sowie die Frage, ob die vom Angeklagten angewandte Behandlungsweise als Kunstfehler erachtet werden müsse, unerheblich sei. Es blieb unklar, ob nach der Meinung des Berufungsgerichts der Angeklagte seiner Pflicht genügt hätte, wenn er einen homöopathischen Arzt zugezogen hätte, wie sich die homöopathischen Ärzte zu der Anwendung des Serums stellten, in welchem Umfang und mit welchem Grad von Sicherheit der etwa von ihnen unter Ablehnung des Serums angewandten Heilbehandlung der Vorwurf eines fehlerhaften, die Kranken gefährdenden Gebarens gemacht werden konnte, ob nicht anzunehmen war, daß ein homöopathischer Arzt das Kind genau so wie der Angeklagte behandelt hätte. Der Angeklagte hatte auch Beweis angeboten, daß er in zwei Fällen mit seiner Heilbehandlung Erfolg gehabt habe; der Antrag war zu Unrecht abgelehnt worden, da die Beweiserhebung für die Entscheidung, ob der Angeklagte eine Fehlerhaftigkeit seiner Heilbehandlung und der Unzulänglichkeit seiner Kenntnisse erkannte und erkennen konnte, von Bedeutung war. In der Verhandlung hatte das Berufungsgericht über die Frage, welchen Heilwert das Serum habe und welche Stellung die homöopathische Heillehre zu diesen Mitteln einnehme, eine Reihe von Ärzten als Sachverständige vernommen. Von den homöopathischen Ärzten hatte sich ein Teil als Impfgegner erklärt; einer von ihnen hatte sich gutachtlich dahin geäußert, daß das Serum auch in der Homöopathie als Heilmittel gegen Diphteritis anerkannt sei. Das Berufungsgericht war neuerdings zu der Überzeugung gekommen, daß das Kind bei rechtzeitiger Anwendung der Serumbehandlung mit einer an Sicherheit grenzenden Wahrscheinlichkeit gerettet worden wäre; es hatte aber anderseits festgestellt, daß der Angeklagte die Krankheit richtig erkannt und den Regeln der homöopathischen Lehrweise entsprechend behandelt hatte. Die Verurteilung war damit begründet, daß der Angeklagte verpflichtet gewesen wäre, sich über die Fortschritte der Heilkunde zu unterrichten und in jedem Fall die ihm als die wirksamsten bekannten Heilmittel anzuwenden, daß er also die Serumbehandlung nicht habe ablehnen dürfen, auch wenn er ein Gegner davon war und daß er, da er die Serumbehandlung selbst nicht habe anwenden können, einen Arzt hätte beiziehen müssen. Das Reichsgericht fand die Annahme einer Fahrlässigkeit neuerdings für bedenklich. Allerdings darf, wer das Heilgewerbe ausübt, sich nicht aus Bequemlichkeit, Eigensinn oder Hochmut den neuen Lehren und Erfahrungen verschließen; die Auffassung, daß der Arzt und der Heilbehandler in jedem Fall die ihnen als die wirksamsten bekannten Heilmittel anzuwenden hätten, war aber nur bedingt richtig. Wer die Heilbehandlung eines Kranken übernimmt, hat diese in einer Weise durchzuführen, welche die günstigste Aussicht für einen Heilerfolg bietet. Ist ihm von einem Heilmittel bekannt, daß es aller Erfahrung nach am besten zur Beseitigung der Krankheit geeignet ist und schädliche Wirkungen nach einer anderen Richtung nicht befürchten läßt, so würde es den Vorwurf der Fahrlässigkeit begründen, wenn er aus Leichtsinn oder anderen unsachlichen Gründen das Mittel nicht zur Anwendung brächte. Eine andere Beurteilung ist aber geboten, wenn ein Heilkundiger von der Anwendung eines ihm bekannten Heilmittels deshalb Abstand nimmt, weil er aus wohlerwogenen Gründen an die Wirksamkeit des Heilmittels nicht glaubt oder von der Anwendung erhebliche andere Gefahren für den Kranken befürchtet. In diesem Fall eine Pflicht zur Anwendung des Heilmittels aufzustellen, stünde im Widerspruch mit dem Gesetz, das grundsätzlich das Heilgewerbe freigegeben hat. Ein nicht ärztlicher Heilkundiger hat die Zuziehung eines Arztes anzuraten, wenn er weiß oder bei pflichtmäßiger Aufmerksamkeit und Sorgfalt erkennen kann, daß seine Fähigkeiten und Kenntnisse für die Behandlung der festgestellten Krankheit nicht ausreichen; das gilt besonders dann, wenn es sich um eine lebensgefährliche Kranheit handelt und neben dem von ihm angewandten Heilverfahren noch ein anderes in Betracht kommt, das er selbst nicht anwenden kann, das aber auch von Ärzten der von ihm vertretenen Richtung angewendet wird. Im vorliegenden Fall kam dazu, daß die Mutter des kranken Kindes selbst auf die Beiziehung eines Arztes hingewiesen hatte. Um beurteilen zu können, ob dem Angeklagten in diesen Beziehungen eine Pflichtwidrigkeit zur Last fiel, bedurfte es noch einer genauen Erörterung der Vorstellung, die der Angeklagte hatte oder bei Anwendung gehöriger Aufmerksamkeit und Sorgfalt hätte haben können; insbesondere war zu prüfen, ob er sich bei Ablehnung der Serumbehandlung auf sein eigenes unzulängliches Wissen oder auf Gründe gestützt hatte, die auch von wissenschaftlich gebildeten Ärzten anerkannt wurden. Wenn dem Angeklagten die Übernahme der Behandlung nicht zur Fahrlässigkeit zuzurechnen war, konnte nicht unerörtert bleiben, ob nach der Entwicklung, welche die Krankheit nahm, eine solche Fahrlässigkeit von einem späteren Zeitpunkt an anzunehmen war und ob, wenn der Angeklagte dann die Weiterbehandlung abgelehnt hätte, das Kind gerettet worden wäre. (I, 8. Juli 1930.)

Amtliche Sammlung S. 263—272.

88. Polizeiverordnung. (StGB. § 366 Nr. 10.) Die allgemeine Weisung an den Führer eines Fuhrwerks, bei dessen Leitung und Bedienung gehörige Vorsicht zu üben, kann nicht als eine Polizeiverordnung angesehen werden. Wegen Verletzung dieser Weisung kann also keine Strafe ausgesprochen werden. (I, 11. Juli 1930.) Amtliche Sammlung S. 272.

Vgl. Bd. 62 S. 227; Bd. 63 S. 250.

89. Brandstiftung durch Unterlassung. Mittäterschaft. Wahlweise Feststellung. Fortsetzungszusammenhang. Tateinheit. Gesetzeseinheit. (StGB. §§ 73, 306, 308; VersVertrG. §§ 16, 27, 32, 61, 62.) Ein Bauer versicherte das Haus seiner Frau, in dem er mit ihr wohnte, gegen Brandschaden. Bald nachher brach in dem an das Haus anstoßenden Stall des Nachbarhauses Feuer aus, ebenso in dem versicherten Haus. Der Stall brannte nieder; im Haus wurde das Feuer gelöscht, nachdem lediglich die Bodentüre und die zu dieser führende Treppe angekohlt waren. Die beiden Eheleute wurden wegen Brandstiftung angeklagt; die Frau wurde freigesprochen, der Mann verurteilt. Seine Revision hatte Erfolg. Aus der Begründung des Urteils war nicht zu ersehen, ob die angekohlten Teile derart vom Feuer ergriffen waren, daß sie nach Entfernung des Zündstoffes selbständig weitergebrannt hätten; demgemäß fehlte es an einer ausreichenden Grundlage zur Nachprüfung, ob vollendete Brandstiftung vorlag. Ebensowenig war klar zum Ausdruck gebracht, ob der Angeklagte selbst das Feuer angelegt oder doch dessen Anlegung wissentlich geduldet hatte. Die wahlweise Feststellung unterlag keinen Bedenken, wenn die Verurteilung wegen Brandstiftung in jedem der als möglich angenommenen Fälle begründet war. Das traf zu, wenn die Frau des Angeklagten das Feuer angelegt und dieser sie irgendwie durch ein Tun unterstützt hatte, sei es während der Ausführung der Tat, sei es auch nur durch eine vorbereitende Handlung, wie durch Zureden und Raterteilung. Die Mitwirkung bei der Ausführung der Tat, die Verwirklichung eines Tatbestandsmerkmals, ist nicht notwendig

Voraussetzung der Mittäterschaft, vielmehr genügt auch eine sich äußerlich als Beihilfe kennzeichnende Tätigkeit, wenn nur der die Hilfe Leistende die Tat des anderen zugleich als seine eigene will. Für den Fall jedoch, daß der Angeklagte sich darauf beschränkte, seine Frau an der Ausführung der Tat nicht zu hindern, genügte zum Nachweis der Mittäterschaft nicht die Feststellung, daß er deren Tat als eigene wollte und daß es ihm auf die Erlangung der Versicherungssumme ankam. Ein solches Verhalten war nach den Grundsätzen zu beurteilen, die für die Verübung von Begehungsstraftaten durch Unterlassung herausgebildet worden sind; dies gilt auch dann, wenn der Erfolg von einem anderen schuldhaft herbeigeführt wird, so daß auch Mittäterschaft, neben Täterschaft und Beihilfe zu einer Begehungsstraftat durch Unterlassung rechtlich möglich sind. Voraussetzung ist aber nicht nur, daß die Untätigkeit ursächlich für den Erfolg war, sondern auch, daß der Unterlassende die Rechtspflicht hatte, den Erfolg zu verhindern; eine bloße sittliche Pflicht zum Einschreiten genügt nicht. Ob eine Rechtspflicht zum Handeln besteht, ergibt sich aus den ausdrücklichen oder stillschweigenden Geboten der Rechtsordnung. Sie kann ihren Grund haben in einer gesetzlichen Regelung, in einem Beamtenverhältnis, im Betrieb eines Gewerbes, in einer vertraglichen Bindung; auch wer durch eine vorhergegangene Tätigkeit die Gefahr des Eintritts eines rechtsverletzenden Erfolgs herbeigeführt oder nähergerückt hat, ist rechtlich verpflichtet, den Erfolg abzuwehren, wenn er die Macht dazu hat. Ob für den Angeklagten eine solche Rechtspflicht bestand, war im angefochtenen Urteil nicht festgestellt. Eine allgemeine Rechtspflicht, fremdes Eigentum gegen Gefahr zu schützen, besteht nicht, auch nicht die, eine der Allgemeinheit drohende Gefahr abzuwenden. Im gegebenen Fall kam aber in Betracht, daß der Angeklagte das Haus seiner Ehefrau gegen Brandschaden versichert hatte. Aus diesem Vertragsverhältnis ergab sich für den Angeklagten als Versicherungsnehmer auch ohne besondere Abmachung die rechtliche Pflicht, die Inbrandsetzung des Hauses zu verhindern, wenn er dazu in der Lage war. Das erforderten Treu und Glauben mit Rücksicht auf die Verkehrssitte. Auch aus dem Gesetz über den Versicherungsvertrag war diese Pflicht abzuleiten, wenn sie auch nicht ausdrücklich dort aufgestellt ist. Der Versicherer ist von der Verpflichtung zur Leistung frei, wenn der Versicherte den Versicherungsfall vorsätzlich herbeiführt; der Versicherte hat alle ihm bekannten Umstände, die für die Übernahme der Gefahr erheblich sind oder durch welche die Gefahr nachträglich erhöht wird, dem Versicherer anzuzeigen. Daraus folgt, daß er nicht nur selbst eine Brandstiftung unterlassen muß, sondern auch das wissentliche Dulden einer fremden Brandstiftung zu vermeiden hat und für die Verletzung dieser Pflichten gestraft werden kann, wenn er sich ihrer bewußt ist. Wenn nicht die Ehefrau des Angeklagten, sondern ein Dritter mit dessen Wissen die Brände anlegte, ergab sich die Pflicht des Angeklagten, das zu verhindern, auch schon daraus, daß er als Ehemann seiner Frau zur ehelichen Lebensgemeinschaft verbunden war und darum deren Eigentum zu schützen hatte. Das Schwurgericht hatte zwischen dem Anzünden des Stalles und jenem des Wohnhauses Fortsetzungszusammenhang angenommen. Dies schied begrifflich aus, weil durch die beiden Handlungen verschiedene Strafgesetze verletzt waren. Natürliche Handlungseinheit konnte angenommen werden, wenn beide Handlungen sich zeitlich unmittelbar aneinander anschlossen; aber auch sie lag ferne, da der Täter nach dem Anzünden des Stalles sich erst in das benachbarte Wohnhaus begeben mußte, um dort das Feuer anzulegen. Anscheinend hatte das Schwurgericht angenommen, daß, wenn eine und dieselbe Brandstiftung Sachen der im § 306 und § 308 des StGB. bezeichneten Art umfaßt, das Verbrechen des § 308 durch das des § 306 aufgezehrt wird. Das wäre rechtsirrtümlich gewesen; in diesem Falle sind beide Strafgesetze verletzt und kommen die Vorschriften über Tateinheit zur Anwendung. (II, 16. Juni 1930.) Amtliche Sammlung S. 273—280. Vgl. Bd. 7 S. 131; Bd. 10 S. 100; Bd. 18 S. 96, 355; Bd. 22 S. 332; Bd. 24 S. 339; Bd. 25 S. 326; Bd. 35 S. 13; Bd. 37 S. 131, 162; Bd. 39 S. 397; Bd. 40 S. 165, 321; Bd. 46 S. 337; Bd. 48 S. 196; Bd. 50 S. 37; Bd. 51 S. 9; Bd. 53 S. 108, 138, 292; Bd. 55 S. 130; Bd. 56 S. 329; Bd. 57 S. 144, 193; Bd. 58 S. 97, 226, 244, 299; Bd. 60 S. 77; Bd. 63 S. 101; RGZ. Bd. 97 S. 11, 286; Bd. 102 S. 38; Bd. 117 S. 327; Bd. 120 S. 121.

90. Kuppelei. (§ 180.) Ein Hausbesitzer verpachtete sein Wohnhaus an einen Mann, der darin Zimmer an Dirnen vermietete. Die Verurteilung wegen Kuppelei wurde nicht bestätigt. Die Vorschrift des § 180 Abs. 3 StGB. wirkt nicht allein zugunsten dessen, der Dirnen unmittelbar als ihr Vertragsgegner Wohnung gewährt, sondern auch für den, der seinerseits dem Vermieter die Möglichkeit hiezu verschafft, indem er ihm die Räume zu diesem Zweck überläßt. Das Gesetz ging von der Erwägung aus, daß die Dirnen Wohnung finden müssen und daß ihnen das in unbilliger und gesetzgeberisch nicht zu rechtfertigender Weise erschwert würde, wenn der, der ihnen Wohnung gewährt, ohne weiteres Gefahr liefe, wegen Kuppelei bestraft zu werden. Das Vorliegen eines bordellartigen Betriebs war nicht nachgewiesen. (III, 3. Juli 1930.)

Amtliche Sammlung S. 280—281.

91. Diebstahl. Betrug. Straflose Nachtat. (StGB. §§ 242, 263; BGB. § 1163.) Eine Hypothek aus der Vorkriegszeit wurde im Jahre 1918 heimbezahlt; dem Schuldner wurde löschungsfähige Quittung erteilt und der Hypothekenbrief zurückgegeben. Sein Schwiegersohn stahl ihm bald darauf die beiden Urkunden und veranlaßte im Jahre 1927 den von der Sachlage nicht genügend unterrichteten Rechtsnachfolger des verstorbenen Gläubigers durch die unwahre Angabe, er habe das Hypothekkapital aus seinen Mitteln zurückgezahlt, die Eintragung der Aufwertung der Hypothek zu beantragen und die aufgewertete Hypothek an ihn abzutreten. Die Verurteilung wegen Betrugs wurde gebilligt. Getäuscht durch den Angeklagten hatte der Rechtsnachfolger des Gläubigers die Hypothek, die in Wahrheit wegen Befriedigung des Gläubigers durch den Grundstückseigentümer auf diesen als Eigentümergrundschuld übergegangen war, an den Angeklagten abgetreten; dadurch war eine Schädigung des Vermögens des Grundstückseigentümers herbeigeführt worden. Diese Schädigung bestand zwar nicht in dem Verlust der Eigentümergrundschuld und der Belastung des Grundstücks mit einer Fremdhypothek zugunsten des Angeklagten, da diesem die Unrichtigkeit des Grundbuchs bekannt war und der Schutz des öffentlichen Glaubens nicht zur Seite stand; wohl aber erwuchs eine Schädigung aus der naheliegenden Gefahr, daß der Angeklagte über die Hypothek zugunsten eines gutgläubigen Dritten verfügte und so die Belastung des Grundstücks mit einer Hypothek herbeiführte, ohne daß der Grundstückseigentümer dafür einen Gegenwert erhielt. Die Untergerichte hatten in dem Betrug nur eine Nachtat zu dem vom Angeklagten begangenen Diebstahl erblickt, dessen Strafverfolgung verjährt war. Das Schöffengericht hatte infolgedessen das Verfahren nicht nur wegen des Diebstahls, sondern auch wegen Betrugs eingestellt; das Landgericht hatte dagegen angenommen, daß die Nachtat nur dann straflos bleiben könne, wenn wegen der Vortat eine Bestrafung ausgesprochen sei und hatte deshalb wegen Betrugs verurteilt. Das Reichsgericht erklärte die Annahme, daß die Betrugshandlung des Angeklagten nur eine unselbständige Nachtat des Diebstahls darstelle, für rechtsirrig. Allerdings macht der Dieb, der über die von ihm gestohlenen Sachen rechtswidrig verfügt, sich dadurch nicht notwendig einer erneuten strafbaren Handlung schuldig. Enthält die Verfügung nur einen weiteren Eingriff in das bereits durch den Diebstahl verletzte Eigentum des Bestohlenen, so wird sie regelmäßig als selbständige Straftat nicht in Betracht kommen. Dieser Grundsatz kann aber nur dann Anwendung finden, wenn der durch die zweite Straftat angerichtete Schaden mit dem durch den Diebstahl verursachten Schaden zusammenfällt. Das traf im vorliegenden Fall nicht zu. Durch den Diebstahl des Hypothekenbriefes ging der Grundstückseigentümer seiner Rechte aus der Eigentümergrundschuld nicht verlustig; es wurde ihm lediglich ein Beweismittel dafür entzogen und der Nachweis seiner Rechte erschwert. Ein Hypothekenbrief hat zwar in gewissem Sinne die Eigenschaft eines Wertpapiers; sein Besitz gestattet aber doch nicht, wie bei einem Sparkassenbuch, eine beliebige Verwertung, da sein Inhaber sich als Berechtigter ausweisen muß. Wenn er betrügerische Handlungen vornimmt, um sich einen solchen Ausweis zu verschaffen, können diese nicht als bloße Fortsetzung der durch die Wegnahme des Briefes geschaffenen rechtswidrigen Lage angesehen werden. (II, 3. Juli 1930.) Amtliche Sammlung S. 281—284.

Vgl. Bd. 35 S. 64; Bd. 39 S. 239; Bd. 43 S. 60, 65; Bd. 49 S. 405.

92. Üble Nachrede. Gesamtbehauptung. Wahrheitsbeweis. Gerichtsherr. Untersuchungsführer. (StGB. § 186.) In einem Aufsatz war ausgeführt, daß ein Kriegsgerichtsrat als Untersuchungsrichter die Untersuchung verschleppt und die Offiziere zu lange auf freiem Fuße gelassen hatte; außerdem waren noch mehrere Behauptungen aufgestellt, die sich in der gleichen Richtung bewegten. Der Kriegsgerichtsrat schloß sich dem Verfahren als Nebenkläger an. Das Landgericht hatte angenommen, daß in dem Aufsatz dem Nebenkläger der Vorwurf der Vorschubleistung gemacht werden sollte, daß die in dem Aufsatz hiefür angeführten Tatsachen nur beispielsweise vorgebracht worden seien, daß zum Beweis der Wahrheit auch noch andere, vor der Veröffentlichung des Aufsatzes liegende, dem Angeklagten erst nachträglich bekanntgewordene Handlungen des Beleidigten verwertet werden könnten und daß der Beweis der Wahrheit für die allgemeinen Behauptungen als geführt anzusehen sei, wenn auch nur einzelne wesentliche der vorgebrachten Tatsachen bewiesen würden und aus ihnen sich das Vorschubleisten ergebe. Das Reichsgericht erklärte diese Auffassung für rechtsirrig. Der Aufsatz des Angeklagten enthielt keine allgemeine Behauptung, daß der Nebenkläger in der von ihm geführten Untersuchung den Tätern Vorschub geleistet habe; er führte nur eine Reihe von Einzeltatsachen an, aus denen sich nach der Ansicht des Berufungsgerichts dieser allgemeine Vorwurf ergab. Hiernach konnte der Wahrheitsbeweis nicht auf gleichartige, in dem Aufsatz nicht erwähnte Fälle ausgedehnt werden, mußte sich vielmehr auf die einzelnen, in dem Aufsatz enthaltenen Behauptungen beschränken. Aber auch wenn man die Auffassung des Berufungsgerichts teilte, war der Wahrheitsbeweis nicht als geführt zu erachten. Eine Einzelbehauptung verliert nur dann die Bedeutung einer selbständigen üblen Nachrede, wenn sie mit der allgemeinen Behauptung in solchem Maße zu einer Einheit verbunden ist, daß sie aus dem Zusammenhang überhaupt nicht gelöst werden kann. Die Einzelbehauptungen sind gesondert für sich und in ihren Beziehungen zueinander und zu der Gesamtbehauptung zu bewerten; die Prüfung der Erweislichkeit muß sich auf alle Einzelbehauptungen erstrecken. Erst bei solcher erschöpfender Prüfung und Abwägung kann eine bedenkenfreie Entscheidung darüber erzielt werden, ob Einzelbehauptungen etwa an und für sich oder doch nebenher als selbständige Beleidigungen in Frage kommen, ob die für oder gegen die Richtigkeit der Gesamtbehauptungen sprechenden Tatsachen überwiegen und ob über die Nichterweislichkeit einzelner Vorgänge als nebensächlich hinweggesehen werden kann. Wird eine der behaupteten Einzelhandlungen überhaupt nicht erörtert, so kann unter Umständen nicht ausgeschlossen werden, daß der Beweis des Gegenteils das Urteil über die Erweislichkeit des angeblichen Gesamtverhaltens beeinflußt haben würde. Ebenso kann es liegen, wenn zwar eine der einzelnen Behauptungen als nicht erweislich wahr erkannt, aber nicht untersucht wird, welche Bedeutung gerade ihr im Verhältnis zu den anderen Behauptungen und zu dem gesamten Vorwurf vom Leser der Kundgebung beizumessen ist. Das Reichsgericht hat in der vom Berufungsgericht angezogenen Entscheidung Bd. 55 S. 129 keinen Freibrief gegeben, unter dem Deckmantel beispielsweise vorgebrachter Belege unbeschränkt nach Zahl und Maß ehrenkränkende, nicht erweislich wahre Einzeltatsachen zu behaupten, wenn sich nur überhaupt die Richtigkeit der Gesamtbehauptung ergeben würde. Das Berufungsgericht hatte darauf Wert gelegt, daß der Nebenkläger den Gerichtsherrn auf die

Notwendigkeit der Aufrechterhaltung des gegen verschiedene Offiziere erlassenen Haftbefehls hätte hinweisen müssen. Dabei war die Stellung des Untersuchungsführers zum Gerichtsherrn nicht genügend beachtet. Der Gerichtsherr war nach der Militärstrafgerichtsordnung der Träger der militärischen Gerichtsbarkeit; in der Untersuchung hatten die Kriegsgerichtsräte seinen Weisungen Folge zu leisten; es war ihnen kein gesetzliches Mittel an die Hand gegeben, eine Verfügung oder Entscheidung des Gerichtsherrn herbeizuführen, wenn dieser sich weigerte, die von ihnen für erfolgreich gehaltene Maßnahme zu treffen. Der Nebenkläger hatte also seine Schuldigkeit im allgemeinen getan, wenn er in dem geeigneten Zeitpunkt die Entschließung des Gerichtsherrn nach Vortrag des Sachverhalts einholte. Mit Recht war aber darauf Gewicht gelegt worden, daß tatsächlich dem Nebenkläger ein nicht unerheblicher Einfluß auf die Entschließungen seines Gerichtsherrn zustand und daß dieser bei ernstlichen Vorstellungen einem Wunsch des Nebenklägers entsprochen hätte. (II, 7. Juli 1930.)

Amtl. Sammlg. S. 284—288.

Vgl. Bd. 55 S. 129; Bd. 62 S. 95.

93. Kriegsgerät. Inländische Verwendung. (KrGerG. § 2.) Ein Jagdberechtigter nahm Wilderern im Jahre 1922 zwei Militärgewehre mit den dazugehörigen Geschossen ab und behielt sie in der Absicht, die Waffen später zu Jagdgewehren umarbeiten zu lassen. Er wurde wegen Aufbewahrung von Kriegsgerät für inländische Verwendung angeklagt, aber freigesprochen. Die Revision der Staatsanwaltschaft wurde verworfen. Die Freisprechung war damit begründet worden, daß eine Verwendung als Kriegsgerät, zum Kampf von Menschen gegeneinander, nicht beabsichtigt gewesen sei. Demgegenüber nahm die Revision an, daß eine inländische Verwendung auch vorliege, wenn eine Waffe in der Absicht verwahrt wird, sie vielleicht später zu einer Jagdwaffe umarbeiten zu lassen. Das stimmte aber mit dem Wortlaut des Gesetzes nicht zusammen. Dieses verbietet zunächst die Ein- und Ausfuhr von Kriegsgerät sowie die Herstellung für die Ausfuhr ohne jeden Hinweis auf die Art der Verwendung, weiter dann die Herstellung oder Aufbewahrung von Kriegsgerät oder den Handel mit solchem für inländische Verwendung. Damit ist ein Gegensatz zu dem ohne jede Rücksicht auf die Verwendungsart ausgesprochenen Verbot der Ein- und Ausfuhr hervorgehoben. Dabei kann es nicht darauf ankommen, ob eine Verwendungsmöglichkeit im Inland besteht, denn diese besteht bei jedem im Inland befindlichen Kriegsgerät; diese Verwendung muß vielmehr der Zweck der Herstellung, Aufbewahrung oder des Handels sein. Zweifelhaft war allerdings, ob die Auslegung des Berufungsgerichts nicht insoferne zu eng war, als es unter inländischer Verwendung nur eine solche zum Kampf von Mensch gegen Mensch verstand, während in Frage kam, auch andere Verwendungen als Waffe, z. B. zu Jagdzwecken, einzubeziehen. Das brauchte aber nicht entschieden zu werden, weil der Angeklagte die Gewehre und die Munition nur zum Andenken aufbewahren und sie zu Jagdzwecken erst nach ihrer Umarbeitung in Jagdgewehre, also nach Entziehung ihrer Eigenschaft als Kriegsgerät, gebrauchen wollte. (II, 10. Juli 1930.) Amtl. Sammlg. S. 288—290.

94. Bestechung. Vorteil. (StGB. § 332.) Ein Strafanstaltsbeamter gestattete der Frau eines Strafgefangenen, die während der Strafzeit ihres Mannes gewerbsmäßig Unzucht trieb, unter Verletzung seiner Amtspflicht, ihren Mann häufiger zu besuchen als zulässig war, und ihm bei den Besuchen über das Maß des Erlaubten hinaus Lebensmittel zuzuwenden. Die Frau gestattete ihm dafür gegen geringes Entgelt den Geschlechtsverkehr; in einem Fall lehnte sie die Bezahlung ab. Damit war der Tatbestand der Bestechung erfüllt. Die Gewährung des Geschlechtsverkehrs von seiten einer Frau stellt für den Mann einen Vorteil dar. Das trifft allerdings nicht zu, wenn der Mann einer käuflichen Dirne für die Gewährung des Geschlechtsverkehrs das übliche Entgelt entrichtet. Auch in diesem Fall kann ein Vorteil darin liegen, daß der Mann an der Dirne ein besonderes Gefallen findet oder daß diese ihm persönliche Freundlichkeit kundgibt; ebenso war ein Vorteil für den Angeklagten deshalb gegeben, weil die Frau sich mit geringerer Entlohnung zufrieden gab und einmal auf Bezahlung ganz verzichtete. Der Angeklagte hatte sich damit verteidigt, daß er ihr das Geld nicht habe aufzwingen können; er hatte aber gar nicht versucht, sie zur Annahme zu bewegen. (Feriensenat, 29. August 1930.)

Amtl. Sammlg. S. 291—292.

Vgl. Bd. 4 S. 101; Bd. 9 S. 166.

95. Erscheinen einer Druckschrift. (StPO. § 7). Eine Druckschrift erscheint dort, wo sie mit dem Willen des Verfügungsberechtigten die Stätte der ihre Verbreitung vorbereitenden Handlungen zum Zwecke der Verbreitung verläßt, wo sie zur Ausgabe gelangt. Das geschieht u. a. in dem Zeitpunkt, in dem sie zwecks ihrer Verbreitung zur Post aufgegeben wird. Hier-

durch wird mit der Verbreitung der Anfang gemacht; daher ist schon in diesem Zeitpunkt eine sich durch die Verbreitung vollziehende Straftat begangen. (Feriensenat, 29. August 1930.)
Amtl. Sammlg. S. 292—293.
Vgl. Bd. 16 S. 45.

96. Gehorsamsverweigerung. Beleidigung eines Vorgesetzten. Tateinheit. (MStGB. §§ 91, 92, 94, 98, 121; StGB. §§ 73, 185, 199; VereinfG. vom 30. April 1926.) Ein Unteroffizier erteilte einem Soldaten den Befehl, eine Wirtschaft zu verlassen; als dieser nicht Folge leistete, faßte er ihn am Waffenrock und schüttelte ihn kräftig. Der Soldat erwiderte mit einer Beleidigung. Er wurde wegen Gehorsamsverweigerung und Beleidigung angeklagt, aber hinsichtlich des ersten Vergehens freigesprochen, hinsichtlich des zweiten für straffrei erklärt. Das Reichsgericht verwies die Sache zurück. Der Unteroffizier war Vorgesetzter des Angeklagten; sein Befehl war ein solcher in Dienstsachen, denn ein solcher liegt dann vor, wenn ein Vorgesetzter in gebietender Weise von einem seiner Befehlsgewalt Unterworfenen ein Handeln oder Unterlassen fordert, dessen Vornahme oder Unterbleiben das Wesen des militärischen Dienstes erheischt. Zum Wesen des militärischen Dienstes gehört auch die Wahrung der militärischen Zucht und Ordnung in Wirtschaften. Der Angeklagte hatte gegenüber einem Kameraden eine derbe Äußerung gemacht, die der Unteroffizier auf ein in der Wirtschaft anwesendes junges Mädchen bezog; als Vorgesetzter war er darum zur Erteilung des Befehls an den Angeklagten, die Wirtschaft zu verlassen, berechtigt. Die Verweigerung des Gehorsams wurde auch nicht durch eine vorschriftswidrige Handlung des Unteroffiziers entschuldigt. Allerdings war eine solche darin zu erblicken, daß er den Angeklagten am Waffenrock faßte und schüttelte; die Gehorsamsverweigerung hatte aber schon vorher begonnen. Auf Beleidigungen Vorgesetzter, die militärische Vergehen darstellen, findet § 199 StGB. keine Anwendung. Die einfache Beleidigung Vorgesetzter nach § 185 StGB. ist nicht als militärisches Vergehen zu behandeln; auf sie finden die Vorschriften des bürgerlichen Strafrechts Anwendung, also auch die Vorschrift über Straffreierklärung bei Erwiderung auf der Stelle. In dem Verhalten des Unteroffiziers lag aber nicht eine nach § 185 StGB. zu beurteilende tätliche Beleidigung, sondern eine tätliche Beleidigung eines Untergebenen durch einen Vorgesetzten nach § 121 MStGB. Damit entfiel die Anwendbarkeit des § 199 StGB. In der neuen Verhandlung war weiter zu prüfen, ob die Gehorsamsverweigerung zu der Beleidigung in rechtlichem Verhältnis der Tatmehrheit stand. Wenn die Äußerung nur zur Verstärkung der Gehorsamsverweigerung gedient hatte, lag Tateinheit vor. In diesem Fall schied die Anwendung des § 199 StGB. aus, da die Beleidigung das geringer strafbare Vergehen ist. (Feriensenat, 5. September 1930.) Amtl. Sammlg. S. 293—296.

Vgl. Bd. 58 S. 110.

97. Bestechung. Verjährung. Beeidigung von Zeugen. Teilnehmer. (StGB. §§ 47, 49, 331, 333; StPO. § 57.) Ein Amtsvorsteher befürwortete ein Gesuch um Erteilung einer Wirtschaftsgenehmigung; nachdem diese bewilligt worden war, ließ er sich von dem Gesuchsteller verschiedene Vermögensvorteile gewähren und versprechen. Insbesondere bestimmte er den Gesuchsteller, ihm vom 1. Oktober 1924 an auf 8 Jahre mehrere Morgen Ackerland zu verpachten; der Pachtzins sollte solange nicht gezahlt werden, bis er den Betrag von 500 Reichsmark erreicht haben würde, über den er sich vom Gesuchsteller ohne jeden Rechtsgrund einen Schuldschein hatte ausstellen lassen. Demgemäß benutzte er den Acker bis in das Jahr 1928 ohne Entgelt. Er wurde wegen Bestechung verurteilt. Seine Revision wurde verworfen. Sie war auf Verjährung gestützt, weil die strafbare Handlung mit der Annahme des Schuldscheins vollendet gewesen sei. Das war rechtsirrig. Durch die Ausstellung des Schuldscheins hatte sich der Angeklagte einen Vorteil, die Zahlung von 500 Reichsmark, lediglich versprechen lassen; in der Nutzung des Ackers, ohne einen Pachtzins dafür zu zahlen, lag eine fortgesetzte Annahme von Vorteilen für die Befürwortung des Gesuchs. Daß die Amtshandlung des Angeklagten der Annahme der Vorteile vorangegangen war, machte nichts aus. Der Gesuchsteller war als Zeuge unbeeidigt geblieben. Das entsprach dem Gesetz. Wer einem Beamten Vorteile verspricht oder gewährt hat, ist allerdings nicht wegen Teilnahme an der Tat des Beamten nach §§ 47ff. StGB., sondern auf Grund des § 333 StGB. zu bestrafen; als Teilnehmer im Sinne des § 57 Nr. 3 StPO. ist aber jeder zu betrachten, der in strafbarer Weise beim fraglichen Vorgang und in derselben Richtung wie der Angeklagte mitgewirkt hat, auch wenn er nicht auf Grund der Vorschriften des Strafgesetzbuchs über Teilnahme verurteilt werden kann. (Feriensenat, 12. September 1930.)

Amtl. Sammlg. S. 296—298.

Vgl. Bd. 13 S. 181; Bd. 17 S. 116; Bd. 36 S. 66.

98. Fälschung von Betriebsratswahlen. (StGB. § 108; BetrRG. §§ 26, 28, 61; BetrRWO. 10, 21, 25, 30, 62, 89.) In einer Sitzung des Betriebsrats einer Eisenbahnwerkstätte legte der erste Vorsitzende sein Amt nieder. Es fand sofort eine Neuwahl statt, die der zweite Vorsitzende leitete. Es wurden 7 Stimmzettel abgegeben; drei lauteten auf den ersten Vorsitzenden, drei auf den zweiten Vorsitzenden, einer war unbeschrieben. Der zweite Vorsitzende gab der Wahrheit zuwider bekannt, daß vier Zettel mit seinem Namen, einer mit dem Namen des ersten Vorsitzenden und zwei unbeschriebene Zettel abgegeben worden seien; er erklärte, daß er die Wahl annehme. Seine Verurteilung wegen Wahlfälschung wurde bestätigt. Die Revision war vor allem darauf gestützt, daß verschiedene Vorschriften über die Wahl des Betriebsrates verletzt worden seien. Solche Verletzungen waren nachgewiesen; es ergab sich aber daraus nicht die Ungültigkeit der Wahl. Für die Regel kann eine solche nur dadurch herbeigeführt werden, daß ein Anfechtungsberechtigter die Wahl während der zweiwöchigen Dauer des Aushangs des Wahlergebnisses anficht; geschieht das nicht, so ist der Mangel geheilt. Gewisse Vorschriften über die Wahl der Betriebsvertretungen wiegen allerdings so schwer, daß ihre Verletzung die Ungültigkeit der Wahl ohne weiteres zur Folge hat; eine solche Verletzung war aber nicht nachgewiesen. Weiter hatte der Angeklagte sich darauf berufen, daß zu der Sitzung, in der die Wahl des Vorsitzenden stattfand, nicht alle Mitglieder des Betriebsrates unter Angabe der Tagesordnung eingeladen worden seien. Darauf kam es aber nicht an. Die Anwendung des § 108 StGB. wird keineswegs dadurch ausgeschlossen, daß sich irgendein anfechtungsbegründender Verstoß in die ernsthaft vorgenommene Wahlhandlung eingeschlichen hat. Im übrigen war der Tatbestand des § 108 StGB. nachgewiesen. Der dort festgelegte Begriff der Wahl in einer öffentlichen Angelegenheit reicht weiter als jener des Wählens in Ausübung der staatsbürgerlichen Rechte, den § 107 StGB. bestimmt; die Vorschrift findet auch auf die Fälschung einer Wahl Anwendung, bei der die Wahlberechtigten nicht in der Eigenschaft als Angehörige des Staates oder einer Gemeinde oder eines Gemeindeverbandes, sondern eines Berufsstandes auftreten. Unter einer öffentlichen Angelegenheit ist nicht nur eine staatliche Angelegenheit, sondern auch eine die staatlichen Angelegenheiten berührende Angelegenheit einer Körperschaft zu verstehen, die durch das öffentliche Recht des Reiches oder eines Landes zu dem Zweck geschaffen ist, daß sie gleich dem Staate für das Gemeinwohl wirke. Das trifft auf die Betriebsvertretungen der Arbeiter und Angestellten zu, da sie mit Aufgaben betraut sind, die in den Kreis der staatlichen Angelegenheiten eingreifen und das gemeine Wohl bezwecken. Die Betriebsräte bekleiden ein Amt; die mit dem Amt verbundenen Rechte und Pflichten gehören dem öffentlichen Recht an. Jedenfalls kann nicht zweifelhaft sein, daß die Obliegenheiten und Befugnisse der Betriebsvertretungen im Bereich der Reichsbahngesellschaft in erheblichem Maß auf die staatliche Sicherheit und das Gemeinwohl einwirken. Wenn hiernach die Wahl der Betriebsräte und der Betriebsobmänner unter den Begriff der Wahl in einer öffentlichen Angelegenheit fällt, so kann auch die Wahl des Vorsitzenden eines Betriebsrates hievon nicht ausgeschlossen werden. Bedenken hiegegen konnten erhoben werden, wenn die gesetzlichen Vorschriften die Tätigkeit des Vorsitzenden so begrenzen würden, daß sie sich in Maßnahmen der Geschäftsführung ohne unmittelbare Wirkung nach außen erschöpfen würde; nach § 25 BetrRVO. ist aber der Vorsitzende zur Vertretung des Betriebsrates gegenüber der Reichsbahngesellschaft und gegenüber den Schlichtungseinrichtungen und Arbeitsgerichten befugt. Mit der Rücktrittserklärung des ersten Vorsitzenden fiel die Leitung des Wahlgeschäfts dem Angeklagten zu; er hatte die Abstimmung zum Vollzug zu bringen, das Wahlergebnis festzustellen, zu verkünden und an seiner urkundlichen Niederlegung mitzuwirken. Er verfälschte das Ergebnis der Wahl dadurch, daß er statt des in Wirklichkeit vorliegenden Ergebnisses ein anderes wissentlich so, als ob es das richtige sei, eröffnete. Mit dieser falschen Veröffentlichung war die Verfälschung vollendet. Ob der Angeklagte auch die über die Wahl aufgenommene Niederschrift unterzeichnete, war belanglos. (II, 18. September 1930.)

Amtl. Sammlg. S. 298—308.

Vgl. Bd. 6 S. 351; Bd. 20 S. 420; Bd. 22 S. 337; Bd. 41 S 211; Bd. 58 S. 387; Bd. 60 S. 139; RGZ. Bd. 106 S. 238, 272; Bd. 107 S. 244; Bd. 108 S. 167; Bd. 111 S. 412; Bd. 116 S. 9.

99. Beeidigung der Schöffen. (GVG. § 51.) Während der Verhandlung ergab sich, daß die mitwirkenden Schöffen nicht beeidigt worden waren. Mit Zustimmung aller Beteiligten wurde die Beeidigung nachgeholt. Das Urteil wurde gleichwohl aufgehoben. Ist ein Schöffe nicht beeidigt, so ist das Gericht nicht vorschriftsmäßig besetzt. Der Mangel kann, da es sich um

zwingendes öffentliches Recht handelt, nicht durch Einverständnis der Prozeßbeteiligten geheilt werden. Die ganze Verhandlung hätte erneuert werden müssen. (III, 22. September 1930.)
Amtl. Sammlg. S. 308—309.
Vgl. Bd. 58 S. 180; Bd. 61 S. 374.

100. Sitzungsprotokoll. Beweiskraft. Notwendige Verteidigung. (StPO. §§ 140, 274, 338.) Vor Verkündung des Urteils entfernte sich der Verteidiger. Das Sitzungsprotokoll enthielt hierüber keinen Vermerk. Der Verteidiger beantragte die Berichtigung. Der Vorsitzende lehnte sie ab mit der Begründung, daß die Anwesenheit des Verteidigers bei der Urteilsverkündung nicht notwendig gewesen sei. Das traf nicht zu, da es sich um einen Fall der notwendigen Verteidigung handelte. Hiernach war es nicht angängig, dem Schweigen des Protokolls über die Abwesenheit des Verteidigers während der Urteilsverkündung eine jeden Gegenbeweis ausschließende Beweiskraft dahin beizumessen, daß er in Wirklichkeit anwesend gewesen sei. Das Revisionsgericht hatte nach freiem Ermessen zu entscheiden. Daß der Verteidiger nicht anwesend gewesen war, wurde durch den Justizwachtmeister bestätigt; diesen hatte der Verteidiger ersucht, ihn herbeizurufen, er hatte aber darauf vergessen. (I, 23. September 1930.) Amtl. Sammlg. S. 309—311.
Vgl. Bd. 31 S. 163; Bd. 34 S. 385; Bd. 57 S. 264; Bd. 63 S. 248.

101. Konkurs. Aussonderungsanspruch. Erdichtete Forderung. (KO. § 242.) S. verkaufte und lieferte am 3. Februar 1926 vorbehaltslos Waren an E. Am 4. März fiel E. in Konkurs. Auf seine Anregung sandte ihm S. eine neue Rechnung mit dem Datum vom 3. Februar, worin die Ware fälschlich als Kommissionsware bezeichnet war, und ein Schreiben vom 8. März, worin die sofortige Zurücksendung der Ware verlangt wurde; er ersuchte ihn, die Schriftstücke dem Konkursverwalter vorzulegen. In dessen Hände gerieten sie ohnehin infolge der Postsperre. Die Verurteilung wegen versuchten Konkursverbrechens wurde bestätigt. Die Vorschrift des § 242 Nr. 2 KO. bezieht sich nicht nur auf erdichtete Forderungen im engeren Sinne, sondern auch auf erdichtete Aussonderungsansprüche. Einen solchen Anspruch im Verfahren geltend zu machen, war zum mindesten versucht worden, denn aus der Erhebung des Anspruchs gegenüber dem Konkursverwalter ergab sich unmittelbar auch das Verlangen einer Berücksichtigung im Konkursverfahren. Eine bloße Vorbereitungshandlung lag nicht vor, weil der Konkursverwalter entsprechend dem Willen des Angeklagten übergangen wurde. (III, 25. September 1930.)

Amtl. Sammlg. S. 311—312.

102. Unbefugte Leichenöffnung. Sachbeschädigung. Bewußtsein der Rechtswidrigkeit. (StGB. § 303.) Der Leiter einer Universitätsklinik ließ die Leiche einer dort verstorbenen Frau ohne Einwilligung ihrer Angehörigen öffnen. Er wurde von der Anklage der Sachbeschädigung vom Berufungsgericht freigesprochen, weil ihm das Bewußtsein der Rechtswidrigkeit gefehlt habe. Die Revision der Staatsanwaltschaft wurde verworfen. Die Frage, ob der Leichnam eines Menschen eine Sache ist oder ob in ihm das Persönlichkeitsrecht des Verstorbenen noch in gewissem Sinne nachwirkt, ließ das Reichsgericht offen; der Tatbestand der Sachbeschädigung wurde schon deshalb nicht für gegeben erachtet, weil die Leiche jedenfalls keine fremde Sache war. An dem Leichnam eines Menschen entsteht mit seinem Tode nicht ohne weiteres Eigentum der Angehörigen oder einer sonstigen Person; er bildet insbesondere keinen Bestandteil des Vermögens und geht darum nicht in das Eigentum der Erben über. Gewohnheitsrechtlich hat sich auf Grund der Volkssitten eine Rechtslage herausgebildet, nach welcher den nächsten Familienangehörigen (die nicht die Erben zu sein brauchen) ein gewisses Verfügungsrecht zukommt, das mangels anderweitiger Anordnung des Erblassers insbesondere die Befugnis zur Regelung der Bestattung und das Recht in sich schließt, Einwirkungen Unbefugter auf den Leichnam abzuwehren. Vermögensrechtlicher Natur sind diese Befugnisse nicht; sie stellen sich nur als eine Fortwirkung des familienrechtlichen Fürsorgeverhältnisses dar. Durch den Aushang der Verwaltungszimmer der Kliniken, wonach bei jeder in der Klinik verstorbenen Person die Leichenöffnung zur Sicherung der Todesursache vorzunehmen war, wenn nicht ein ausdrücklicher Einspruch erhoben wurde, konnten besondere Rechte an dem Leichnam nicht begründet werden. (II, 25. September 1930.)

Amtl. Sammlg. S. 313—316.

Vgl. RGZ. Bd. 100 S. 171; Bd. 106 S. 188; Bd. 108 S. 217.

103. Fahrlässige Tötung. Ursächlicher Zusammenhang. Ursachenreihe. Vorbedingung. (StGB. §§ 217, 222.) Ein Mädchen brachte in der Wohnung seiner Mutter und in deren Beisein ein Kind zur Welt. Unmittelbar nach der Geburt entfernte sich die Mutter aus der Wohnung und ging in den Stall, um das Vieh zu besorgen; während dieser Zeit tötete das Mädchen das Kind. Die Mutter wurde wegen fahrlässiger Tötung verurteilt; ihre Revision wurde verworfen. Der ursächliche Zusammenhang zwischen dem Verhalten der Angeklagten, ihr Weggang aus der Wohnung unter Zurücklassung der hilfsbedürftigen Tochter in innerlich und äußerlich hilfloser Verfassung und dem Tode des neugeborenen Kindes war durch die Feststellung nachgewiesen, daß die Tochter den Angriff auf das Leben des Kindes nicht unternommen hätte, wenn die Angeklagte bei ihr geblieben wäre und ihr Hilfe durch Zuspruch und Handreichung gewährt hätte. Die Ansicht, daß die Vorbedingungen einer Bedingung, die frei und bewußt auf die Herbeiführung des Erfolges gerichtet ist, aus dem Kreis der vom Strafrichter zu beachtenden Ursachen auszuschalten seien und daß derjenige, der eine solche Vorbedingung gesetzt hat, nur als Teilnehmer zur Verantwortung gezogen werden könne, wurde vom Reichsgericht nicht gebilligt. Bei der Beurteilung von Fällen, in denen das nachfolgende Verhalten des Verletzten selbst zum tödlichen Ausgang wesentlich beigetragen hat, ist schon entschieden worden, daß trotzdem eine ursächliche Verknüpfung des Todes mit der Verletzung in Betracht gezogen werden muß. Die strafrechtliche Erfassung der mehreren in einer Ursachenreihe hintereinander eingeordneten, also voneinander abhängigen Bedingungen findet ihre Ausgleichung gegen zu große Härte in dem Erfordernis der Vorhersehbarkeit. Der Rückgriff auf die Vorbedingungen hat auch dann Raum, wenn eine Nachbedingung von einem Dritten durch Fahrlässigkeit gesetzt worden ist und wenn der Dritte frei und bewußt auf den rechtswidrigen Erfolg hingearbeitet hat. Im vorliegenden Fall wirkte das Verhalten der Angeklagten sowohl auf die Bewegungen im Inneren der Tochter als auf deren äußere Lage ein. Indem sie aus der Wohnung wegging, versetzte sie die hilflos zurückgelassene Tochter in eine verzweifelte Stimmung, die den Entschluß zur Tötung des Kindes, wenn nicht hervorrief, so doch festigte; zugleich beseitigte sie das äußere Hindernis, das ihre Anwesenheit der Ausführung der Tötung entgegenstellte. Wieweit sie den Tod des Kindes als eine Folge ihres Verhaltens in ihre Vorstellung und ihren Willen aufgenommen hatte, war allerdings schwer festzustellen; jedenfalls aber war das, was sich in ihrem Innern vollzog, fehlerhaft. Sie hatte entweder den Gedanken an ein seitens der Tochter drohendes Verbrechen wider das Leben des Kindes aus Mangel an der gebotenen unmöglichen Sorgfalt mit der Erwartung beschwichtigt, daß das Verbrechen nicht geschehen werde, oder sie hatte sich eines solchen Gedankens überhaupt entschlagen, obwohl er vermöge ihrer Anlagen, Erfahrungen und Wahrnehmungen in ihr nach Entfaltung drängte. In jedem Fall mußte ihr vorgeworfen werden, daß ihre Willensbildung insoferne fehlerhaft war, als sie versäumte, ihre Gedanken und Regungen zusammenzufassen, bis der Entschluß pflichtgemäßer Beistandsleistung zur Gestaltung und Verwirklichung gelangte. Damit war die Eigenschaft der Fahrlässigkeit hinsichtlich des für den Tod des Kindes ursächlich gewordenen Verhaltens der Angeklagten nachgewiesen. (II, 2. Oktober 1930.)

Amtl. Sammlg. S. 316—321.

Vgl. Bd. 1 S. 373; Bd. 6 S. 249; Bd. 29 S. 218; Bd. 34 S. 91; Bd. 56 S. 343; Bd. 58 S. 366; Bd. 61 S. 318; Bd. 63 S. 382, 392.

104. Kaliausfuhr. Veräußerung. Absatz. Versuch. (KaliWGDurchfVorschr. §§ 74, 95.) Ein Spediteur verlud Kalisalze auf einem Kahn und sandte die Fracht nach Hamburg, damit sie dort zu Schiff nach Holland weitergeleitet werde; die Salze waren von den Versender im Inland gekauft worden. Die Verurteilung wegen Verletzung der Durchführungsvorschriften zum Kaliwirtschaftsgesetz wurde vom Reichsgericht aufgehoben. Wegen einer Zuwiderhandlung gegen § 95 dieser Vorschriften konnte der Angeklagte nur dann zur Verantwortung gezogen werden, wenn die ausschließliche Befugnis des Kalisyndikats zur Veräußerung und zum Absatz der Kalisalze, um die es sich handelte, zur Zeit der Tat noch bestand. Diese Befugnis erstreckt sich nur auf jene Kalisalze, die seitens der Mitglieder des Syndikats diesem zum Zwecke der Veräußerung und des Absatzes zur Verfügung gestellt werden. Hat das Syndikat die Veräußerung und den Absatz vorgenommen, dann verwehrt § 74 der Vorschrift den Abnehmern der Kalisalze keineswegs, diese weiter zu veräußern und abzusetzen. Von wem der Versender die Kalisalze erworben hatte, war im Urteil nicht festgestellt. Waren die Kalisalze zu der Zeit, da der Angeklagte an der Veräußerung und dem Absatz teilnahm, noch mit der vom Gesetz verliehenen ausschließlichen Befugnis des Kalisyndikats belastet, so war der äußere Tatbestand der Verletzung der Durchführungsvorschriften gegeben. Unter Veräußerung im Sinne dieser Vorschriften ist nicht nur das dingliche Geschäft, sondern zugleich und in erster Reihe das schuldrechtliche Geschäft zu verstehen, nämlich der Vertrag, durch den die Verpflichtung zur Übergabe der Kalisalze und zur Verschaffung des Eigentums an ihnen begründet wird. Absatz bedeutet im Gegensatz dazu eine Veränderung der tatsächlichen, vornehmlich der räumlichen Lage. Ob jede Handlung, die das Kalisyndikat in der Ausübung der ihm ausschließlich erteilten Befugnis hindert, den Durchführungsvorschriften zuwiderläuft, ließ das Reichsgericht dahingestellt; jedenfalls trifft das zu, wenn die hinderliche Wirkung von einer Handlung ausgeht, die an sich in den Rahmen der dem Syndikat übertragenen wirtschaftlichen Tätigkeit fällt und selbst als Veräußerung oder Absatz von Kalisalz hervortritt. Für die Vollendung der Zuwiderhandlung ist nicht zu erfordern, daß der Täter, der Kalisalze veräußert oder absetzt, das Ziel erreicht, das er sich hiebei gesteckt hat. Die Veräußerung ist jedenfalls mit dem Zustandekommen des Veräußerungsvertrags vollendet, obwohl der Veräußerungsvertrag, als gegen das Gesetz verstoßend, unwirksam ist; für den Absatz muß es genügen, daß die Ware auf den Weg gebracht ist. (II, 6. Oktober 1930.) Amtl. Sammlg. S. 321—326. Vgl. Bd. 56 S. 51; Bd. 57 S. 336; RGZ. Bd. 103 S. 167.

105. Hehlerei. Ansichbringen. Gesetzeseinheit. (StGB. § 259.) Einem Fuhrmann, der, ohne es zu wissen, gestohlene Waren verfrachtet hatte, steckte der Dieb einen Teil des gestohlenen Geldes zu. Er nahm es an, ohne es nachzuzählen, da er es für den ihm zustehenden Fuhrlohn hielt. Erst nachträglich schöpfte er in Anbetracht der Höhe der Summe Verdacht, daß das Geld durch strafbare Handlung erlangt sei, behielt es aber für sich. Das Berufungsgericht verurteilte ihn wegen Unterschlagung mit der Begründung, daß der Angeklagte in dem Zeitpunkt, da er den Verdacht des strafbaren Erwerbs des Geldes erlangte, das Geld nicht mehr an sich bringen konnte, nachdem er es damals schon im Besitz hatte. Das Reichsgericht verwies die Sache zurück. Der Begriff des Ansichbringens erfordert den auf Grund eines Übertragungsaktes der Vortäters oder einer Mittelsperson im Einverständnis beider Beteiligten vollzogenen Erwerb einer tatsächlichen Verfügungsgewalt über die Sache. Dieses gegenseitige Einverständnis war in dem Zeitpunkt, da der Angeklagte das Geld erhielt, nicht vorhanden; der Dieb wollte dem Angeklagten das gesamte Geld übertragen, dieser dagegen wollte nur an einem Betrag die eigene Verfügungsgewalt erlangen, der der Höhe des angemessenen Fuhrlohns entsprach. Der Angeklagte erlangte also zwar den Gewahrsam an dem ganzen Geldbetrag, brachte diesen aber nicht an sich, weil er sich des Übergangs der Verfügungsgewalt an der ganzen, den Betrag des angemessenen Fuhrlohns weit übersteigenden Geldsumme nicht bewußt war. Erst als er sich entschloß, den ganzen Geldbetrag zu behalten, brachte er ihn an sich. Er beging dadurch auch eine Unterschlagung; diese ging aber in dem Tatbestand der Hehlerei auf. (II, 6. Oktober 1930.) Amtl. Sammlg. S. 326—327. Vgl. Bd. 51 S. 181; Bd. 52 S. 203; Bd. 54 S. 281; Bd. 55 S. 58, 220.

106. Tabaksteuerbücher. Bestechung. Falschbeurkundung. Öffentliche Urkunde. (StGB. §§ 331, 348; TabStG. §§ 40, 42, 44, 51, 67a, 92; ZPO. §§ 415, 417, 418.) Ein Zollbeamter, der ein Tabaksteuerlager zu überwachen hatte, erhielt von dessen Inhabern wiederholt Darlehen. Bei der Nachprüfung der abgeschlossenen Steuerzeichenbestellbücher und Tabaksteuerlagerbücher ergaben sich Unstimmigkeiten. Der Beamte ließ die Bücher auf Grund der Steuerzeichenbestellzettel berichtigen und dann vollständig umschreiben; in einigen der neuen Bücher bemerkte er, daß sie infolge Beschädigung der alten Bücher umgeschrieben worden seien. Dadurch wurde zwar erreicht, daß die umgeschriebenen Bücher in sich keine Unstimmigkeiten aufwiesen; sie verloren aber auch jede Beweiskraft. Das Berufungsgericht sah die Lagerbücher nicht als öffentliche Bücher oder Beurkundungen an und zwar sowohl die Bücher als solche, als auch die darin enthaltenen Verhandlungen über Bestandsaufnahmen, die Bescheinigungen über die Richtigkeit der Überträge, die Bescheinigungen der Zahl der im Buch enthaltenen Blätter auf dem Titelblatt und die Bemerkungen, daß die Umschreibung wegen Beschädigung erfolgt sei; dagegen erkannte es den Steuerzeichenbestellbüchern diese Eigenschaft zu. Das Reichsgericht billigte diese Auffassung nur zum Teil. Die im § 348 StGB. genannten öffentlichen Bücher und Register sind nur eine besondere Art der dort erwähnten öffentlichen Urkunden. Um als solche gelten und öffentlichen Glauben für ihren Inhalt beanspruchen zu können, ist es daher auch für sie vor allem erforderlich, daß die Anfertigung ihres urkundlichen Inhalts, also ihre Führung, einer dazu berufenen öffentlichen Behörde oder Urkundsperson zusteht. Das ist weder bei den Tabaksteuerlagerbüchern noch bei den Bestellbüchern für Tabaksteuerzeichen der Fall; diese Bücher werden nicht von einer Amtsperson, sondern von dem Steuerpflichtigen geführt. Der Umstand, daß die darin vorgenommenen Eintragungen von der Steuerbehörde und den Steuerbeamten geprüft und daß darüber amtliche Bescheinigungen oder Vermerke in die Bücher aufgenommen werden, sowie daß sie weitgehende Beweiskraft für und gegen die Steuerpflichtigen haben vermag den Büchern als solchen nicht die Eigenschaft öffentlicher Bücher zu verleihen. Es konnte sich also nur darum handeln, inwieweit die einzelnen amtlichen Eintragungen, die in jenen Büchern Aufnahme finden, als öffentliche Urkunden anzusehen waren. Da § 92 TabStG. es dem Reichsminister der Finanzen überlassen hat, mit Zustimmung des Reichsrats die näheren Bestimmungen zur Ausführung des Gesetzes zu treffen, stellen die sich in diesem Rahmen haltenden Bestimmungen Rechtsvorschriften dar, die geeignet sind, eine Zuständigkeit und die sonstigen Voraussetzungen zur Errichtung öffentlicher Urkunden zu begründen. Nicht erforderlich ist dabei, daß den in diesen Vorschriften bestimmten Beurkundungen öffentlicher Glaube, also Beweiskraft für und gegen jedermann, besonders beigelegt wird; das ist nur eine Folgeerscheinung, die sich ohne weiteres aus der Tatsache ergibt, daß eine Beurkundung durch eine Behörde oder einen Beamten vorliegt, die in den ihnen von der Rechtsordnung zugewiesenen amtlichen Geschäftskreis fällt. Eine solche Beurkundung ist als öffentliche Urkunde anzusehen und hat die Beweiskraft einer solchen, es sei denn, daß sie ihrer Bestimmung nach ausschließlich innerdienstlichen Zwecken dient, also nicht (mindestens zugleich) auch sonst, insbesondere im Rechtsleben und nach außen, als urkundliches Beweismittel gelten soll. Ob eine amtliche Beurkundung nur für die Behörde selbst bestimmt ist und lediglich für ihren inneren Dienst, insbesondere über die dienstliche Tätigkeit ihrer Beamten, einen Nachweis erbringen soll, läßt sich vielfach nur unter Berücksichtigung der gesamten Beziehungen, für welche die Beurkundung in Betracht kommt, entscheiden; jedenfalls ist eine Beschränkung auf innerdienstliche Zwecke nicht zu vermuten. Hiernach ist für die Bestandsaufnahme (wenigstens wenn über sie eine Verhandlung stattfindet und hiezu der Betriebsinhaber oder ein Vertreter zugezogen wird) die Beweiserheblichkeit gegeben; denn bei diesen Bestandsaufnahmen soll geprüft werden, ob sich gegenüber den Einschreibungen Fehlmengen ergeben. Werden sie festgestellt, so muß der Lagerinhaber sie gegen sich gelten lassen und versteuern, es sei denn, daß sie nachweisbar auf Umstände zurückzuführen sind, die eine Steuerschuld nicht begründen. In gleicher Weise kann bei den Übertragsbescheinigungen eine öffentliche Beurkundung vorliegen; auch hierin kann eine dem Betriebsinhaber gegenüber getroffene unwirksame urkundliche Feststellung gefunden werden, die geeignet und bestimmt ist, zu seinen Gunsten oder Lasten diese Rechnungsgrundlage festzulegen. Jedenfalls sind die Bescheinigungen über die Zahl der in den Büchern enthaltenen Blätter als Beurkundungen anzusehen, die für und gegen den Lagerinhaber bei der Prüfung der ihm obliegenden Buchführung zum Beweis dafür dienen sollen, ob seine Buchführung ordnungsgemäß ist und ob das Buch noch seinen ursprünglichen Umfang hat. Aus ähnlichen Gründen muß die Bescheinigung, daß die Umschreibung eines Buches wegen Beschädigung erfolgt sei, als öffentliche Urkunde angesehen werden; sie ist eine nicht nur für den inneren Dienst bestimmte, sondern auch dem Steuerpflichtigen gegenüber ausgestellte, die ordnungsmäßige Erfüllung seiner Buchführungspflicht betreffende öffentliche Beweisurkunde. Dasselbe ist auch bei den in den Bestellbüchern ausgestellten Bescheinigungen über die Lieferung von Steuerzeichen der Fall; diese sollen als Nachweis des Ankaufs von Steuerzeichen, also für und gegen den Steuerpflichtigen zum Beweis dafür dienen, ob er sich die von ihm verwendeten oder besessenen Steuerzeichen auf dem vorgeschriebenen Weg oder unbefugt verschafft hat. Daß die vorgeschriebene oder übliche Form in allen Fällen gewahrt worden war, stand außer Streit. Hinsichtlich des inneren Tatbestandes hob das Reichsgericht hervor, daß zu dem Vorsatz nicht das Bewußtsein gehört, eine Beurkundung mit öffentlichem Glauben vorzunehmen; ausreichend ist vielmehr die Kenntnis der Tatsachen, aus denen rechtlich zu folgern ist, daß es sich um eine öffentliche Beurkundung handelt. Eine Verurteilung wegen Bestechung hatte das Landgericht abgelehnt, weil sich nicht habe erweisen lassen, daß die Darlehen für bestimmte von dem Angeklagten vorzunehmende oder schon vorgenommene Handlungen gegeben und von dem Angeklagten angenommen worden seien. Dem trat das Reichsgericht nicht bei. Allerdings ergibt sich schon aus der Unterscheidung zwischen Geschenk für nicht pflichtwidrige und für pflichtwidrige Handlungen, daß bei der Annahme des Geschenkes über die Handlung, für die das Geschenk ein Entgelt sein soll, beim Annehmenden wenigstens eine so bestimmte Vorstellung vorhanden sein muß, daß sich daraus ersehen läßt, ob eine in sein Amt einschlagende Handlung in Frage kommt. Anderseits wird namentlich bei zukünftigen Handlungen, wenn also ein dienstliches Entgegenkommen zuvor erkauft werden soll, dies in seinen Einzelheiten vielfach noch gar nicht bestimmbar sein; gleichwohl wird sich aber dann aus der Zweckbestimmung des geforderten oder gewährten Geschenkes unter Umständen ausreichend feststellen lassen, ob von dem Beamten eine in sein Amt einschlagende Handlung erwartet oder in Aussicht gestellt wird oder ob sie eine Amts- oder Dienstpflicht verletzen oder an sich nicht pflichtwidrig sein wird. Im vorliegenden Fall erfüllte schon eine Geschenkannahme für die ausdrückliche oder stillschweigende Zusage, künftige Vorschriftswidrigkeiten möglichst schonend zu behandeln, mindestens den Tatbestand des § 331 StGB. (II, 6. Oktober 1930.)

Amtl. Sammlg. S. 328—336.

Vgl. Bd. 2 S. 128; Bd. 11 S. 221; Bd. 60 S. 152, 187; Bd. 61 S. 126; Bd. 62 S. 410; Bd. 63 S. 74, 148.

107. Volksschullehrer. Beleidigung. Vorgesetzter. Strafantrag. (StGB. § 196; PrG. vom 11. März 1872, betr. die Beaufsichtigung des Unterrichts- und Erziehungswesens.) Wegen Beleidigung eines Volksschullehrers stellte der Magistrat der Stadt, in der er angestellt war, und die vorgesetzte Regierung Strafantrag. Das Reichsgericht entschied, daß dem Magistrat ein solches Recht nicht zustand. Vorgesetzte eines Beamten sind die Behörden und Beamten, denen das Recht und die Pflicht obliegt, die Aufsicht über das amtliche Verhalten des Beamten auszuüben. Die Schulaufsichtsbehörde in Preußen ist der Staat; er läßt die Schulaufsicht durch die Regierungen ausüben, die damit amtliche Vorgesetzte der Volksschullehrer sind. Die Gemeinden haben nur die äußeren Schulangelegenheiten, besonders die Vermögensangelegenheiten, zu verwalten, also Gebiete, die das amtliche Verhalten der Lehrer nicht berühren. Die ihnen und ihren Organen vorbehaltene Teilnahme an der Schulaufsicht wird durch die Schuldeputation ausgeübt, die dabei als Organ der Schulaufsichtsbehörde, also des Staates, nicht der Gemeinde, handeln. Daraus, daß die Schuldeputation zu gleicher Zeit Organ der Gemeinde ist und insoweit auch den Anordnungen des Magistrats Folge zu leisten hat, ergibt sich nicht, daß dieser auch hinsichtlich der Schulaufsicht Vorgesetzter der Schuldeputation und damit mittelbar auch der Lehrer ist. (II, 29. September 1930.)

Amtl. Sammlg. S. 337—339.

Vgl. RGZ. Bd. 80 S. 338; Bd. 85 S. 26; Bd. 102 S. 8.

108. Verzicht auf Zeugen. (StPO. § 245.) Die Frage des Vorsitzenden, ob auf die Vernehmung von zwei Zeugen verzichtet werde, bejahte nur der Verteidiger mit dem Zusatz: Vorläufig. Der Vorsitzende überhörte den Zusatz. Nach der Vernehmung der anwesenden Zeugen wurde von keiner Seite ein Antrag gestellt, die beiden Zeugen entgegen dem erklärten Verzicht oder vorläufigen Verzicht doch zu vernehmen. Die Revision

hatte keinen Erfolg. Die Erklärung des Verteidigers bedeutete, daß er zwar auf die Vernehmung der beiden Zeugen verzichtete, sich aber vorbehielt, auf sie zurückzugreifen, wenn die Verhandlung dazu einen Anlaß bieten würde. Indem er nach Durchführung der Beweiserhebung keinen Antrag stellte, brachte er zum Ausdruck, daß er von dem Vorbehalt keinen Gebrauch machen wolle. Der Verzicht wurde damit endgültig wirksam selbst dann, wenn der Verteidiger nur infolge eines Übersehens es unterließ, die Vernehmung der Zeugen zu beantragen. (I, 7. Oktober 1930.) Amtl. Sammlg. S. 339—342.
Vgl. Bd. 4 S. 398.

109. Betrug. Geldentwertung. (StGB. § 263.) Ein Baumeister, der in den Jahren 1922 bis 1924 für das Reich Bauten auszuführen hatte, stellte die Rechnungen in zahlreichen Fällen unrichtig auf; er gab mehr Arbeitsstunden an, als geleistet worden waren, setzte größere Mengen von Baustoffen ein als er geliefert hatte, stellte Rechnungsposten, die schon beglichen waren, in spätere Rechnungen wieder ein. Auf diese Weise suchte er die Verluste auszugleichen, die sich durch die Geldentwertung in der Zeit von der Ausführung der Arbeiten bis zur Auszahlung der Rechnungsbeträge ergaben. Eine Schädigung des Reiches konnte nicht festgestellt werden; dieses zahlte vielmehr auf das Verlangen der Aufwertung noch 25000 Reichsmark vergleichsweise nach. Das Berufungsgericht verurteilte wegen versuchten Betrugs. Das Reichsgericht verwies die Sache zurück. Entscheidend war, ob der Angeklagte glaubte, daß ihm, wenn auch starke Schwierigkeiten der Verwirklichung bestanden, ein Rechtsanspruch auf ein volles, nicht nur nennbetragmäßiges Entgelt für seine Werkleistungen zustehe. Die nennbetragsmäßige Zahlung einer Geldschuld bedeutet in Zeiten stark fortschreitender Geldentwertung, auch wenn sie nur kurze Zeit nach der Fälligkeit vorgenommen wird, nur eine Teiltilgung der Schuld. Das war schon damals Recht, wenn auch die Erkenntnis davon fehlte. Das Aufwertungsrecht hat keine neuen Ansprüche geschaffen; der Anspruch auf nachträgliche Zahlung eines Aufwertungsbetrags ist kein anderer als der ursprüngliche, durch die Nennbetragszahlung nur teilweise getilgte Anspruch. Wenn aber der Angeklagte nicht mehr erhielt, als er wirklich zu beanspruchen hatte, lag nicht darum Betrug vor, weil er, um hiezu zu gelangen, zu dem Mittel der Täuschung griff. Eine Ordnungswidrigkeit des zur Erlangung gebrauchten Mittels macht den Vermögensvorteil, den der Handelnde erstrebt, nicht zu einem rechtswidrigen; die Erlangung der Zahlung eines bestehenden und fälligen Geldanspruchs ist übrigens an sich kein Vermögensvorteil. Ein Betrugsversuch konnte also nur in Frage kommen, wenn der Angeklagte irrtümlich meinte, der Anspruch bestehe nicht, nicht aber wegen einer Erkenntnis oder Meinung des Angeklagten, es werde ihm nicht oder nur schwer gelingen, seinen Anspruch gerichtlich durchzusetzen. (I, 7. Oktober 1930.)

Amtl. Sammlg. S. 342—348.

Vgl. Bd. 1 S. 320; Bd. 4 S. 168; Bd. 7 S. 378; Bd. 11 S. 76, 158; Bd. 20 S. 59; Bd. 55 S. 257; Bd. 60 S. 294.

110. Nebenkläger. Buße. (StPO. §§ 402, 404.) Durch das Urteil des Berufungsgerichts wurde dem Nebenkläger eine Buße zuerkannt. Vor Eintritt der Rechtskraft des Urteils starb der Nebenkläger. Damit verlor die Anschlußerklärung ihre Wirkung; die Verurteilung zur Zahlung einer Buße wurde hinfällig. (III, 9. Oktober 1930.) Amtl. Sammlg. S. 348—349.

Vgl. Bd. 28 S. 301; Bd. 64 S. 60.

111. Meineidsverleitung. Zurechnungsfähigkeit. Vorsatz. Trunkenheit. Bewußtlosigkeit. Teilweise Rechtskraft. (StGB. §§ 51, 159.) Ein Bauer, gegen den ein Strafverfahren anhängig war, traf auf dem Heimweg vom Gasthaus in betrunkenem Zustand einen Mann, der in der Verhandlung als Zeuge gegen ihn auftreten sollte. Er packte ihn, schüttelte ihn heftig und erklärte ihm, wenn er gegen ihn aussage, werde er ihm die Knochen entzweischlagen. Er wurde wegen versuchter Nötigung in Tateinheit mit unternommener Verleitung zum Meineid angeklagt. Das Schöffengericht verurteilte ihn nur wegen Bedrohung auf Grund der Annahme, daß er erheblich betrunken, aber einfacher Denkvorgänge noch fähig gewesen sei; über den Vorsatz der Bedrohung hinaus habe er nicht das Bewußtsein gehabt, den Zeugen zu einer unrichtigen Aussage zwingen zu wollen oder in ihm den Entschluß zu einer solchen Aussage hervorzurufen. Die Berufungen des Staatsanwalts und des Angeklagten wurden verworfen; auch die Revision des Angeklagten hatte keinen Erfolg. Der Staatsanwalt hatte seine Berufung auf das Strafmaß beschränkt. Das Berufungsgericht hatte sich hierdurch an einer neuerlichen Prüfung, ob der Angeklagte sich auch der versuchten Nötigung und der Meineidsverleitung schuldig gemacht habe, für verhindert erachtet. Das erklärte das Reichsgericht für rechtsirrig. Schon durch die Berufung des Angeklagten wurde die ihm im Eröffnungsbeschluß zur Last gelegte einheitliche Tat der Beurteilung des Berufungs-

gerichts nach allen ihren rechtlichen Beziehungen unterbreitet; nur eine Änderung der Strafe zum Nachteil des Angeklagten war unzulässig. Da nach dieser Richtung der Staatsanwalt die Berufung aufrecht erhalten hatte, fiel auch diese Bindung weg. Die Revision war darauf gestützt, daß im Falle von Tateinheit nicht Freisprechung hinsichtlich der einen, Verurteilung hinsichtlich der anderen Tat erfolgen könne. Das traf nicht zu. Eine strafbare Handlung ist nicht vorhanden, wenn der Täter zur Zeit der Begehung der Handlung sich in einem Zustand von Bewußtlosigkeit oder krankhafter Störung der Geistestätigkeit befand, durch welche seine freie Willensbestimmung ausgeschlossen war. Unter Bewußtlosigkeit ist nicht ein völliger Mangel des Bewußtseins, der schon die Vornahme einer Handlung unmöglich macht, sondern auch eine Bewußtseinsstörung zu verstehen; die Anwendung der Vorschrift ist darum, soweit Trunkenheit in Frage kommt, keineswegs auf die Fälle der sinnlosen Trunkenheit beschränkt. Es muß sich aber um einen solchen Grad der Bewußtseinsstörung oder krankhaften Störung der Geistestätigkeit handeln, daß dadurch die freie Willensbestimmung ausgeschlossen, nicht nur vermindert wird. Das Berufungsgericht hatte angenommen, daß der Angeklagte die Fähigkeit besessen habe, das Unrechtmäßige seiner Tat, soweit sie sich als Bedrohung darstellte, einzusehen und dieser Ansicht gemäß zu handeln. Damit war nachgewiesen, daß der Angeklagte sich zur Zeit der ihm zur Last gelegten Tat nicht in einem Zustand der Bewußtseinsstörung oder krankhafter Störung der Geistestätigkeit befand, durch den seine freie Willensbestimmung ausgeschlossen war. Daran wurde auch dann nichts geändert, wenn der Angeklagte sich infolge seiner Trunkenheit nicht bewußt wurde, daß in seinem Verhalten auch äußerlich der Versuch einer Nötigung und eine unternommene Verleitung zum Meineid gelegen war. In dieser Hinsicht handelte es sich nicht um Unzurechnungsfähigkeit, sondern um die Nichtkenntnis von Tatumständen, die zum gesetzlichen Tatbestand dieser Straftaten gehörten, also um eine Nichtzurechenbarkeit zur Schuld bei vorhandener, wenn auch verminderter Zurechnungsfähigkeit. (I, 10. Oktober 1930.) Amtl. Sammlg. S. 349—355.
Vgl. Bd. 59 S. 291.

112. Spielautomaten. Gewerbsmäßiges Glücksspiel. Ausspielung. Irrtum. (StGB. §§ 59, 284, 285, 286.) In mehreren Wirtschaften wurden sogenannte Mietautomaten aufgestellt. Diese gaben gegen Einwurf eines Zehnpfennigstücks eine Rolle

Pfefferminzpastillen im Einkaufswert von 4,7 Pfennig ab; außerdem wurde durch den Einwurf des Geldstücks ein Uhrwerk in Bewegung gesetzt, das wechselnde Bilder erscheinen ließ. Bei bestimmter Stellung der Bilder, etwa bei jedem zehnten Spiel, gab der Automat Blechmarken in verschiedener Zahl (2—20 Stück) ab, die zum Weiterspielen verwendet werden konnten, aber auch von den Gastwirten gegen Waren in Zahlung genommen oder in Geld eingelöst wurden. Die Einstellung der Bilder geschah durch das Uhrwerk zwangsläufig; der Spieler konnte sie weder beeinflussen noch auch vorhersehen. Den Spielern kam es vor allem auf die Blechmarken an. Die Verurteilung wegen Veranstaltung eines öffentlichen Glücksspiels wurde bestätigt. Der Gewinn hing, da die ihn auslösende Ursache für den Spieler nicht erkennbar, die Gewinnaussicht also nicht berechenbar war, vom Zufall ab. Als Gewinn stand den Spielern ein Gegenstand in Aussicht, der Vermögenswert hatte. Da die Marken von den Wirten für Zechschulden in Zahlung genommen, sogar in Geld eingelöst wurden, lag nicht Ausspielung, sondern Glücksspiel vor. Eine behördliche Erlaubnis hatte der Angeklagte nicht. Daß er das Bewußtsein der Strafbarkeit seiner Handlung gehabt habe, war nicht Voraussetzung für die Verurteilung. Ein Irrtum in dieser Hinsicht schließt die Bestrafung selbst dann nicht aus, wenn er durch eine unrichtige Auskunft der Polizeibehörde verursacht worden ist. Die Verurteilung wegen gewerbsmäßigen Glücksspiels hatte das Berufungsgericht damit begründet, daß der Angeklagte durch seine Handlung den Willen zu erkennen gegeben habe, mit dem Spielbetrieb eine fortgesetzte, auf Erwerb gerichtete Tätigkeit auszuüben. Diese Begründung reichte nicht aus; bei gewerbsmäßigem Glücksspiel ist nur der als Täter anzusehen, der den Spielvertrag in eigenem Namen abschließt. Das traf aber im gegebenen Fall zu. An einem Spielvertrag ist beteiligt, wer den Gewinn erhält oder den Verlust trägt, wessen Vermögen durch die Wechselfälle des Spiels berührt wird. Eine körperliche Mitwirkung beim Spiel ist nicht erforderlich; ebenso ist es rechtlich ohne Belang, ob der Spieler die Gefahr eines Verlustes trägt, wenn nur der Gewinn vom Zufall abhängig ist. Hiernach wäre der Angeklagte selbst dann an dem Spiel beteiligt gewesen, wenn die Gefahr des Spiels im Innenverhältnis zwischen ihm und den Wirten allein die Wirte betroffen hätte. Für die Mitspieler ist es ausschlaggebend, wer den Einsatz erhält; wie die mehreren Spielunternehmer die Gefahr unter sich verteilten, kommt nicht in Betracht. Infolgedessen war es aber auch ohne Bedeutung, ob der Angeklagte die Blechmarken, die sich bei den Wirten angesammelt hatten, in Zahlung nahm oder sich anrechnen ließ und auf wessen Rechnung die Nachfüllung der Apparate mit den Pfefferminzröllchen ging. (III, 13. Oktober 1930.) Amtl. Sammlg. S. 355—361.

Vgl. Bd. 7 S. 21; Bd. 29 S. 376; Bd. 38 S. 204; Bd. 41 S. 218, 331; Bd. 42 S. 68, 117; Bd. 43 S. 155; Bd. 59 S. 140; Bd. 62 S. 163; Bd. 63 S. 44, 379.

113. Zollhinterziehung. Gesetzesänderung. Mildestes Gesetz. (StGB. § 2; RAbgO. §§ 359, 365, 369, 451, 453; RG. vom 22. Dezember 1929 betreffend Änderung des TabStG. Art. VII Nr. 10; VZG. §§ 140, 141.) Zollhinterziehungen sind seit dem 1. Januar 1930 nicht mehr nach dem Vereinszollgesetz, sondern nach der Reichsabgabenordnung zu bestrafen. Ist eine Zollhinterziehung vor dem 1. Januar 1930 begangen und kommt nach diesem Zeitpunkt zur Aburteilung, so ist das mildeste Gesetz anzuwenden. Das ist, wenn Rückfall nicht vorliegt, das Vereinszollgesetz, wenn Rückfall vorliegt, jenes Gesetz, bei dessen Anwendung der Angeklagte im gegebenen Fall nach Ermessen des Tatrichters die günstigste Behandlung erfährt. (III, 13. Oktober 1930.) Amtl. Sammlg. S. 361—362.

Vgl. Bd. 33 S. 187; Bd. 60 S. 123.

114. Gewerbebetrieb im Umherziehen. Sonntagsruhe. Öffentlich bemerkbare Arbeit. Tateinheit. (StGB. § 73; R.-GewO. §§ 55, 55a, 146a, 148 Nr. 7.) Ein Mann, der keinen Wandergewerbeschein hatte, verteilte an einem Sonntag Druckschriften im Umherziehen. Hierdurch wurden sowohl die Vorschriften der §§ 55 Abs. 1 Nr. 1, 148 Abs. 1 Nr. 7 RGewO. als auch jene der §§ 55a Abs. 1, 146a Abs. 1 RGewO. verletzt. Es liegt keinerlei Anhalt dafür vor, daß der Gesetzgeber den, der nicht im Besitz eines Wandergewerbescheins ist und obendrein noch die Sonntagsruhe verletzt, durch Verschonung mit der Vergehensstrafe der §§ 55a, 146a RGewO. besser stellen wollte als den, der ordnungsmäßig mit einem Wandergewerbeschein versehen ist und nur der Vorschrift des § 55a zuwiderhandelt. Nach der maßgebenden Polizeiverordnung waren an Sonn- und Festtagen alle öffentlich bemerkbaren Arbeiten verboten. Das Reichsgericht entschied, daß eine Verletzung der Vorschrift schon dann vorlag, wenn die Verteilung in einer Art und Weise vorgenommen wurde, daß sie als eine öffentlich bemerkbare werktätige Arbeitsleistung (im Gegensatz zu einer geistigen oder nur zur Erholung oder zum Vergnügen vorgenommenen Beschäftigung) erschien; die Entfaltung eines körperlichen Kraftaufwandes war nicht notwendig. (III, 13. Oktober 1930.) Amtl. Sammlg. S. 362—364.

115. Berufungsverfahren. (StPO. §§ 298, 329.) Gegen das Urteil des Schöffengerichts, durch das eine Frau verurteilt wurde, legte der Mann Berufung ein. Am Tag der Berufungsverhandlung befand er sich in Haft; seinem Verlangen, vorgeführt zu werden, wurde nicht stattgegeben. Die Frau erschien zur Verhandlung. Die Berufung wurde verworfen. Die Revision hatte keinen Erfolg. § 298 StPO. gibt dem Mann der Angeklagten ein selbständiges, von den Entschließungen der Angeklagten unabhängiges Recht, Rechtsmittel einzulegen. Macht er von dem Recht Gebrauch, so wird er dadurch am Verfahren beteiligt; er muß zu der Verhandlung geladen werden, hat ein Recht, an ihr teilzunehmen und Anträge in ihr zu stellen. Wenn diese Rechte verkürzt werden, kann die Angeklagte den Verfahrensmangel mit der Revision geltend machen; sie hat ein Recht darauf, daß in dem gegen sie gerichteten Strafverfahren ordnungsmäßig verfahren wird. Das Berufungsgericht war aber nicht verpflichtet, den Mann der Angeklagten zu der Verhandlung vorführen zu lassen, da sein Antrag verspätet eingelaufen war. (I, 14. Oktober 1930.) Amtl. Sammlg. S. 364—366.

116. Beschimpfung der Reichsfarben. Kundgebung. Öffentlichkeit. (RepSchG. § 8.) An einem Kriegerdenkmal war ein Kranz mit einer Schleife in den Reichsfarben niedergelegt worden. Der erste Vorsitzende des Kriegervereins, auf dessen Grund und Boden das Denkmal stand, wickelte die Schleife in eine schwarz-weiß-rote Schleife ein, trug den Kranz in das nahegelegene Haus des zweiten Vorsitzenden, nahm dort in Gegenwart von zwei Personen die schwarz-rot-goldene Schleife ab und verbrannte sie im Herdfeuer. Das Berufungsgericht verurteilte ihn wegen öffentlicher Beschimpfung der Reichsfarben. Das Reichsgericht hob das Urteil auf. Eine beschimpfende Kundgebung braucht nicht unbedingt durch Wort oder Schrift zu erfolgen; sie kann auch durch schlüssige Handlungen zum Ausdruck gebracht werden. Im vorliegenden Fall fehlte es aber schon an dem Nachweis einer Kundgebung. Eine solche setzt voraus, daß wenigstens eine Person da ist, an die sie sich richtet und daß der Täter sich bewußt ist, daß andere sie wahrnehmen und ihrem Sinne nach auffassen. Aus dem angefochtenen Urteil ergab sich aber nicht, daß die Wegnahme des Kranzes von anderen Personen bemerkt wurde, noch auch, daß der Angeklagte wußte und wollte, daß das geschehe. Daß der Angeklagte die Schleife des Kranzes, ehe er ihn wegtrug, einwickelte, sprach eher für seinen Willen, nichts kundzugeben. Eine Beschimpfung hatte das Berufungsgericht darin gefunden, daß der Angeklagte mit der Wegnahme des Kranzes habe kundgeben wollen, daß die an dem Kranz befindlichen Reichsfarben nicht an Kriegerdenkmale gehörten, sondern diese und die Toten, zu deren Andenken sie errichtet seien, durch ihre bloße Anwesenheit entwürdigten. Hiefür fehlten aber die nötigen Anhaltspunkte. Die Wegnahme eines Kranzes von einem Denkmal ist eine Handlung, die an und für sich viele Deutungsmöglichkeiten offen läßt; die vom Berufungsgericht hineingelegte war nicht so offenbar, daß sich eine nähere Begründung nach dieser Richtung erübrigte. Es war nicht ausgeschlossen, daß das Berufungsgericht nicht eine Beschimpfung, sondern eine den Reichsfarben feindliche Gesinnung strafte. Endlich war auch das Merkmal der Öffentlichkeit nicht einwandfrei dargelegt. Dazu genügte nicht, daß der Schauplatz an einer viel begangenen Straßenkreuzung lag und daß eine unbeschränkte Mehrheit von Personen die Handlung des Angeklagten bemerken konnte. Es hätte auch einer Darlegung bedurft, daß die Personen, welche die Handlung des Angeklagten bemerkten, sie in dessen Sinn, nämlich als eine die Reichsfarben beschimpfende Kundgebung, auffaßten. Eine Kundgebung kann nur dann als öffentlich gelten, wenn die unbestimmte Mehrheit von Personen, die sie wahrzunehmen in der Lage ist, zugleich auch ihren Sinn zu verstehen vermag. (III, 16. Oktober 1930.) Amtl. Sammlg. S. 366—370.

117. Ursächlicher Zusammenhang. Unterbrechung. Fahrlässigkeit. (StGB. § 222.) Eine Frau verschaffte einem Mann, mit dem sie in ehewidrigen Beziehungen stand, Gift; dieser brachte es seiner Frau bei. Er wurde wegen Mordes verurteilt; die Frau wurde von der Anklage der Teilnahme freigesprochen. Auf die Revision des Staatsanwalts wurde die Sache zurückverwiesen. Zwischen den beiden Angeklagten war schon vor der Beibringung des Giftes der Gedanke einer ehelichen Verbindung erörtert für den Fall, daß die Frau des angeklagten Mannes sterben sollte; bei der Hingabe des Giftes hatte die angeklagte Frau geäußert, der angeklagte Mann werde doch seiner Frau nichts anhaben wollen. Das legte den Gedanken nahe, daß die gleichwohl geschehene Aushändigung des Giftes ein fahrlässiges Tun begründete. Man pflegt allerdings anzunehmen, daß der ursächliche Zusammenhang unterbrochen wird, wenn eine auf denselben Erfolg gerichtete vorsätzliche Handlung eines hiefür verantwortlichen Menschen dazutritt und den Erfolg herbeiführt. Dieser Satz kann aber keine allgemeine Geltung beanspruchen. Tritt ein vorsätzliches und ein fahrlässiges Handeln nebeneinander, so liegt allerdings keine Mittäterschaft vor. Das fahrlässige Handeln ist aber auch bei diesem Zusammentreffen als eine Bedingung des schließlichen Erfolgs für diesen eine Ursache. Das Gegenteil trifft nur dann zu, wenn das zum fahrlässigen Tun hinzutretende vorsätzliche Handeln derart ist, daß nunmehr der Erfolg überhaupt nicht mehr auf das fahrlässige Tun zurückgeführt werden kann. Gerade die Darbietung eines Werkzeugs für ein Verbrechen, das, wie vorauszusehen war, nachher begangen wurde, wird auch im Schrifttum als Beispiel für die strafbare fahrlässige Mitherbeiführung des verbrecherischen Erfolgs genannt. (I, 17. Oktober 1930.) Amtl. Sammlg. S. 370—374.

Vgl. Bd. 58 S. 366; Bd. 61 S. 318; Bd. 63 S. 382; Bd. 64 S. 316.

118. **Aufforderung zum Verbrechen. Strafermäßigung. Vorteil.** (StGB. §§ 49a, 157.) In einer vor dem Mieteinigungsamt anhängigen Sache sollte eine Frau als Zeugin vernommen werden. Der Vermieter sprach ihr zu, die Unwahrheit zu sagen, und drohte ihr für den Fall, daß sie das nicht tun würde, sie aus der Wohnung zu setzen. Sie wurde wegen Meineids verurteilt. Es fragte sich, ob sie durch die Angabe der Wahrheit sich selbst eines Verbrechens bezichtigt hätte (Annahme der Aufforderung zu einem Verbrechen). Da die Aufforderung nur mündlich geschehen war, hing die Entscheidung davon ab, ob damit das Versprechen eines Vorteils verbunden war. Die bloße Vermeidung eines angedrohten Übels ist kein Vorteil im Sinne dieser Strafbestimmung. Wer die Begehung eines Verbrechens zusagt, um dem Schaden zu entgehen, der für den Fall der Unterlassung der angesonnenen Tat droht, ist nicht nach § 49a strafbar. Der Hinweis auf drohende Folgen kann aber seinem Inhalt und Wesen nach als das Versprechen eines Vorteils erscheinen. So kann die an einen Mieter gerichtete Drohung, ihn aus der Wohnung zu setzen, zugleich ein Versprechen enthalten, andernfalls das Mietverhältnis mit ihm fortzusetzen; darin liegt ein Vorteil zum mindesten dann, wenn der Vermieter die rechtliche oder auch die tatsächliche Möglichkeit hat, das Mietverhältnis zur Auflösung zu bringen. Im vorliegenden Fall war eine solche Möglichkeit gegeben, da die Angeklagte mit

einem Mann außerehelich zusammenlebte. Das Versprechen, dieses Zusammenleben weiter zu dulden, war nichtig, weil es gegen Gesetz und Sitte verstieß; der Tatbestand des § 49a wird aber dadurch nicht ausgeschlossen, daß der Vorteil, dessen Gewährung in Aussicht gestellt wird, dem Recht und der Sitte zuwiderläuft. (I, 17. Oktober 1930.)

Amtl. Sammlg. S. 374—376.

119. Zeuge. Beeidigung. Teilnahme. (StPO. § 57.) Ein Kraftwagen stieß mit einer Radfahrerin zusammen. Sowohl diese als der Führer des Kraftwagens und ein Fahrgast wurden verletzt. In dem Verfahren gegen den Führer des Kraftwagens wurde die Radfahrerin als Zeugin unbeeidigt vernommen. Das Reichsgericht billigte das. Sie hatte durch unvorsichtiges Fahren den Zusammenstoß herbeigeführt. Wenn auch der Fahrgast keinen Strafantrag gestellt hatte, gehörte doch der Eintritt der ihm zugefügten Körperverletzung zu dem der Anklage zugrundliegenden geschichtlichen Vorgang und damit zu der den Gegenstand der Untersuchung bildenden Tat; somit war auch die Radfahrerin der Teilnahme an dieser Tat verdächtig. Daß die Teilnahme zu einer Bestrafung des Zeugen führen kann, ist nicht Erfordernis für das Unterlassen der Beeidigung; es genügt, daß seine Teilnahmehandlung im allgemeinen unter das Strafgesetz fällt. Die Teilnahme im Sinne dieser Vorschrift beschränkt sich auch nicht auf die Teilnahmeformen des Strafgesetzes; sie liegt auch vor, wenn der rechtsverletzende Erfolg durch Zusammentreffen fahrlässigen Verhaltens des Angeklagten und des Zeugen herbeigeführt worden ist. Die Teilnahmehandlung muß sich allerdings in derselben Richtung bewegen wie das dem Angeklagten zur Last gelegte Verhalten. Bei Fahrlässigkeitsvergehen, bei denen eine bestimmte Zielrichtung des Willens in Frage kommt, ist ein Mitwirken mehrerer Personen in derselben Richtung schon dann gegeben, wenn jede durch ihre Fahrlässigkeit, mag diese auch bei jeder anders gestaltet sein, zur Herbeiführung desselben rechtsverletzenden Erfolgs beigetragen hat. (II, 16. Oktober 1930.)

Amtl. Sammlg. S. 377—379.

Vgl. Bd. 7 S. 331; Bd. 8 S. 299; Bd. 11 S. 300; Bd. 14 S. 19; Bd. 22 S. 100; Bd. 28 S. 111; Bd. 31 S. 219; Bd. 48 S. 84; Bd. 50 S. 158; Bd. 53 S. 266; Bd. 55 S. 233; Bd. 56 S. 119.

120. Erpressung. Berufung auf den geleisteten Eid. (StGB. § 253; StPO. § 67.) Der Schriftleiter einer Zeitung kündigte an, er werde über gewisse Personen bloßstellende Aufsätze veröffentlichen. Gegen Zahlung erheblicher Beträge unterließ er die Veröffentlichung. Seine Verurteilung wegen Erpressung wurde bestätigt. In der Ankündigung des Angeklagten war die Ankündigung eines Übels zu finden, das geeignet war, die Freiheit des Willens der davon betroffenen Personen zu beeinflussen; damit war der Tatbestand der Drohung erfüllt. Der Angeklagte hatte sich darauf berufen, daß der Nachweis einer durch die Ankündigung herbeigeführten Nötigung fehle; es sei ihm nur darauf angekommen, den Gegnern Vergleichsvorschläge zu machen, deren Annahme oder Ablehnung er in deren Ermessen gestellt habe. Maßgebend für den Nachweis der Nötigung bei Erpressung ist aber in erster Linie die Willensrichtung des Drohenden. Jede Drohung läßt dem Bedrohten mehr oder weniger die Wahl, ob er sich fügen will oder nicht. Der Nötigungsvorsatz ist gegeben, wenn der Täter mit dem Bewußtsein und dem Willen handelt, dem Bedrohten ein anderes Verhalten, als es seinem Willen entsprechen würde, zwangsläufig aufzudrängen. Daß dies der Fall war, hatte das Berufungsgericht festgestellt. Die bedrohten Personen hatten allerdings, schon ehe die Drohung ausgesprochen war, damit gerechnet, daß sie zur Verhütung der Veröffentlichung Geldopfer bringen müssen; der Entschluß, dieses als möglich vorausgesehene Opfer zu dem ihnen angesonnenen Betrag wirklich auf sich zu nehmen, war aber erst unter dem Eindruck der vom Angeklagten ausgesprochenen Drohung gefaßt worden. Daß der Angeklagte mit der Drohung einen Vermögensvorteil erstrebte, hatte das Berufungsgericht ohne Rechtsirrtum daraus gefolgert, daß der Angeklagte darauf ausging, an Stelle eines aus dem besseren Absatz der Zeitungsnummer sich ergebenden unsicheren Gewinnmöglichkeit die Zahlung einer erheblich Barsumme zu erlangen, die den Betrag der durch den Umdruck der Zeitungsnummer erwachsenden Kosten überstieg. Die Rechtswidrigkeit dieses Vorteils ergab sich daraus, daß der Angeklagte einen rechtlich begründeten Anspruch auf die Zahlung von Schweigegeld nicht hatte und daß er sich zur Erlangung der ihm nicht geschuldeten Zahlung des unsittlichen, im anständigen Geschäftsverkehr mißbilligten Mittels der Drohung mit öffentlicher Bloßstellung bediente. Ob die Handlung, mit der gedroht wurde, erlaubt war oder nicht, spielte für die Rechtswidrigkeit des damit angestrebten Vermögensvorteils keine Rolle; ein Vorteil, auf den das Recht keinen Anspruch gibt, darf durch Drohung, auch wenn deren Verwirklichung nicht rechtswidrig wäre, nicht erstrebt werden. Deshalb war es auch für die Frage, ob der Angeklagte das Bewußtsein der Rechtswidrigkeit hatte, ohne Einfluß, ob er sich für berechtigt hielt, die angedrohten Angriffe in seiner Zeitung zu veröffentlichen. Dem Angeklagten war durch eine einstweilige Verfügung die Verpflichtung auferlegt worden, sich weiterer bloßstellender Veröffentlichungen gegen eine bestimmte Person zu enthalten; er hatte sich hieran nicht gehalten und war bestraft worden. Unter Drohung mit weiteren Veröffentlichungen hatte er Ersatz des ihm hierdurch entstandenen Schadens verlangt. In dieser Hinsicht hatte ihn das Berufungsgericht freigesprochen auf Grund der Annahme, daß er möglicherweise die einstweilige Verfügung für unrichtig gehalten habe. Das reichte zur Begründung der Entscheidung nicht aus. Allerdings hätte eine Verurteilung wegen Erpressung nicht erfolgen dürfen, wenn der Angeklagte tatsächlich einen solchen Ersatzanspruch gehabt hätte oder auch nur geglaubt hätte, ihn zu haben; es war aber nicht ersichtlich, wie ein solcher Ersatzanspruch oder auch nur der Glaube des Angeklagten an ihn hätte begründet sein können, da der Angeklagte sich die Strafe durch seinen Ungehorsam gegen die einstweilige Verfügung zugezogen hatte. Ferner wäre zu berücksichtigen gewesen, daß, soweit das Bewußtsein der Rechtswidrigkeit des erstrebten Vermögensvorteils in Betracht kam, es als ausreichend anzusehen war, wenn der Angeklagte auch nur mit der Möglichkeit gerechnet hatte, daß die Forderung rechtlich nicht begründet sein könne. — In der Verhandlung vor dem Berufungsgericht war ein Zeuge unter Berufung auf den geleisteten Eid vernommen worden; er hatte im ersten Rechtszug keinen Eid geleistet, aber angenommen, daß die Berufung sich auf den vor dem Untersuchungsrichter geleisteten Eid beziehe. Die Vernehmung war hiernach als unbeeidigt anzusehen, denn die Beeidigung in der Hauptverhandlung kann durch eine Berufung auf den früher geleisteten Eid nur dann ersetzt werden, wenn der Eid in demselben Hauptverfahren geleistet worden ist. Ein Anlaß zur Aufhebung des Urteils ergab sich hieraus nicht, da die Aussage des Zeugen als eidlich behandelt worden war und er sich auch selbst als unter dem Eid stehend betrachtet hatte. (III, 20. Oktober 1930.)

Amtl. Sammlg. S. 379—385.

Vgl. Bd. 10 S. 216; Bd. 12 S. 373; Bd. 21 S. 114; Bd. 26 S. 353; Bd. 34 S. 15; Bd. 36 S. 384; Bd. 44 S. 203; Bd. 55 S. 257; Bd. 64 S. 16.

121. Öffentlichkeit. Sitzungspolizei. Rügeverzicht. (GVG. §§ 169, 172—175, 177.) Eine Frau, die einer Verhandlung als Zuhörerin beiwohnte, sprach während einer Pause mit einer vor dem Sitzungssaal wartenden Zeugin. Auf Antrag des Staatsanwalts und mit Zustimmung des Verteidigers erging ein Gerichtsbeschluß, der ihr den weiteren Aufenthalt im Sitzungssaal untersagte. Die hierauf gestützte Revision des Angeklagten hatte Erfolg. Die bloße Möglichkeit, daß die Öffentlichkeit infolge der Anwesenheit einzelner bestimmter Personen ein Hindernis für die Ermittlung der Wahrheit bilde, ist nicht als Grund für die Entfernung solcher Personen aus der öffentlichen Verhandlung anerkannt. Wenn nicht die Voraussetzungen für den Ausschluß der Öffentlichkeit gegeben sind, kann nur dadurch geholfen werden, daß der Vorsitzende einen Befehl zur Unterlassung der die Ermittlung der Wahrheit gefährdenden Handlungen erteilt und, wenn diesem zuwidergehandelt wird, einen Gerichtsbeschluß herbeiführt, der dann allerdings auf Entfernung aus dem Sitzungssaal lauten kann. Dieses Verfahren war aber hier nicht eingehalten worden. Die Verletzung der Vorschriften über die Öffentlichkeit des Verfahrens bedeutet stets, daß das Urteil als auf einer Verletzung des Gesetzes beruhend anzusehen ist. Es machte darum nichts aus, daß der Verteidiger selbst sich dem Antrag des Staatsanwalts auf Erlassung des nunmehr gerügten Beschlusses angeschlossen hatte. (I, 17. Oktober 1930.)

Amtl. Sammlg. S. 385—388.

Vgl. Bd. 30 S. 244.

122. Geschlechtskrankheiten. Untersuchung auf Schwangerschaft. Behandlung. Approbierter Arzt. (GeschlKrG. § 7; GewO. § 53.) Ein Arzt wurde wegen Beihilfe zur Abtreibung zu einer Zuchthausstrafe verurteilt; außerdem wurden ihm die bürgerlichen Ehrenrechte auf fünf Jahre aberkannt. Der zuständige ärztliche Ehrengerichtshof entzog ihm daraufhin die Approbation für die Dauer des Ehrverlustes. Während dieser Zeit untersuchte er eine Frau auf Schwangerschaft. Er wurde wegen eines Vergehens nach § 7 GeschlKrG. verurteilt. Seine Revision wurde verworfen. Die Untersuchung auf Schwangerschaft fiel an sich noch nicht unter diese Vorschrift; sie war aber zugleich eine Untersuchung auf das etwaige Vorhandensein eines Leidens der Geschlechtsorgane. Damit war der Begriff der Behandlung erfüllt, gleichviel, ob eine Behandlung im engeren Sinn (eine Heilbehandlung) in Aussicht genommen war. Zu den approbierten Ärzten, denen die Behandlung der Geschlechtskrankheiten und der Krankheiten oder Leiden der Geschlechtsorgane vorbehalten ist, gehören solche Personen nicht, denen die Approbation zwar erteilt, aber wieder entzogen worden ist. (I, 17. Oktober 1930.) Amtl. Sammlg. S. 388—392.

Vgl. Bd. 63 S. 85, 197.

123. Strafantrag. Zurücknahme. (StGB. § 63; WZG. § 14; RG. vom 12. Juni 1925 über Beitritt zum Madrider Abkommen.) Nach § 14 WZG. in seiner früheren Fassung konnte das dort unter Strafe gestellte Vergehen nur auf Antrag verfolgt werden; die Zurücknahme des Antrags war zulässig. Durch das Reichsgesetz über den Beitritt zum Madrider Abkommen, das am 12. Juni 1925 in Kraft trat, ist das Antragserfordernis beseitigt worden. Wegen einer vor diesem Zeitpunkt liegenden Tat war Strafantrag gegen mehrere Personen gestellt worden; gegen eine von ihnen wurde das Verfahren eingestellt, die übrigen wurden verurteilt. Im zweiten Rechtszug wurde der Strafantrag zurückgenommen. Das konnte keine Wirkung äußern, weil schon ein auf Strafe lautendes Urteil verkündet war. Daß das Verfahren gegen einen der Angeklagten eingestellt worden war, machte nichts aus; die Unteilbarkeit des Strafantrags hatte zur Folge, daß der Strafantrag auch gegen ihn nicht zurückgenommen werden konnte. (III, 20. Oktober 1930.)

Amtl. Sammlg. S. 392—394.

Vgl. Bd. 46 S. 269; Bd. 55 S. 23.

124. Straßenbahnschaffner. Betrug. Urkundenfälschung. (StGB. §§ 263, 267, 268.) Ein Straßenbahnschaffner gab Fahrscheine, die er schon für eine vorhergehende Fahrt ausgegeben hatte und die von den Fahrgästen im Wagen zurückgelassen worden waren, an andere gutgläubige Fahrgäste und behielt das Fahrgeld für sich. Gleichzeitig änderte er die bis dahin richtigen Einträge in den Fahrtberichten über die bei Beginn der Fahrten auf seinen Fahrscheinblöcken obenauf liegenden Fahrscheine in der Weise ab, daß die nochmals ausgegebenen Fahrscheine den nunmehr eingetragenen falschen Nummern entsprachen. Er wurde wegen Betrugs und Urkundenfälschung verurteilt. Seine Revision wurde verworfen. In der Ausgabe schon abgefahrener Fahrscheine lag zunächst ein fortgesetzter Betrug zum Nachteil der Fahrgäste. Die von ihnen bezahlten ungültigen Fahrscheine gewährten ihnen kein Recht zum Mitfahren; sie erlangten also für ihr Geld keinen entsprechenden Gegenwert; sie waren der Gefahr ausgesetzt, nochmal zahlen zu müssen, waren also in ihrem Vermögen geschädigt. Der Angeklagte bestimmte sie zur Hergabe des Geldes durch die Aushändigung der für den Uneingeweihten unverdächtigen Fahrscheine, die sie als sicheren Nachweis für die Bezahlung des Fahrgeldes und die Berechtigung zum Mitfahren ansahen. Die Absicht des Angeklagten ging von vorneherein dahin, das Geld für diese Fahrscheine zu behalten. Auch der Straßenbahnverwaltung gegenüber machte sich der Angeklagte eines fortgesetzten Betrugs schuldig. Er versetzte sie bei der Abrechnung, um sich ohne Recht im Besitz der betrügerisch erlangten Gelder zu erhalten, durch Vorlegung der Fahrtberichte und der Fahrscheinblocks in den Irrtum, er habe für die Beförderung von Fahrgästen nur soviel vereinnahmt, als sich aus der Vergleichung der damals oben aufliegenden Fahrscheinnummern mit dem richtig eingetragenen und nicht abgeänderten Anfangs-Fahrscheinnummern der Fahrtberichte ergab; tatsächlich hatte er aber durch die doppelte Ausgabe derselben Fahrscheine mehr Geld vereinnahmt, als die Vergleichung nachwies. Durch diesen Irrtum wurde die Straßenbahnverwaltung zu ihrem Schaden verhindert, den vollen ihr zukommenden Tageserlös dem Angeklagten abzufordern. Das Berufungsgericht hatte zwischen den beiden Betrugsvergehen Tateinheit angenommen; dadurch war der Angeklagte keinesfalls beschwert. Vor Antritt jeder Fahrt hatte der Angeklagte die Nummern der auf seinen Fahrscheinblöcken obenauf liegenden Fahrscheine in den Fahrtbericht einzutragen und diesen an einen dafür bestimmten Platz zu legen, damit er dort von den Überwachungsbeamten entnommen, geprüft und mit einem Prüfungsvermerk versehen werden konnte. Diese Einträge waren zum Beweis von Rechten erhebliche Privaturkunden. Sie waren geeignet und bestimmt, den Fahrgästen sowie der Straßenbahnverwaltung und ihren Beamten im Falle des Streits über die Gültigkeit eines Fahrscheins und des Beförderungsvertrags als Beweismittel zu dienen. Der Unterschrift des Schaffners bedurften sie nicht, da er als Aussteller der Urkunde schon aus der Namensnennung im Fahrtbericht zu erkennen war. Mit der Eintragung der Nummer waren diese Urkunden endgültig fertiggestellt. Dadurch, daß der Angeklagte sie bei Beginn der Fahrt an der dafür bestimmten Stelle des Wagens ablegte, also dem Zugriff und der Einsichtnahme der Aufsichtsbeamten freigab, wurde die im Eintrag enthaltene Erklärung der Straßenbahnverwaltung gegenüber abgegeben, der Außenwelt und dem Rechtsverkehr zugänglich gemacht. Damit wurde für die Verwaltung und für die Fahrgäste der Anspruch auf Unversehrtheit der Urkunde begründet und dem Angeklagten, abgesehen von der Berichtigung von Schreibfehlern und Irrtümern, die Abänderungsbefugnis entzogen. Durch die vorgenommenen Abänderungen wollte der Angeklagte erreichen, daß der Aufsichtsbeamte die betrügerische Ausgabe der ungültigen Fahrscheine nicht entdeckte, ihm vielmehr die Fahrscheinausgabe als ordnungsmäßig bestätigte. Indem er sie in dieser Absicht an den Platz zur Einsichtnahme für die Aufsichtsbeamten legte, machte er von den verfälschten Urkunden zum Zwecke der Täuschung Gebrauch; es war hiezu nicht erforderlich, daß tatsächlich die Urkunde von einem Aufsichtsbeamten eingesehen wurde. (II, 20. Oktober 1930.)

Amtl. Sammlg. S. 394—398.

Vgl. Bd. 40 S. 253; Bd. 51 S. 340; Bd. 52 S. 78; Bd. 63 S. 259.

125. **Berichte über kleine Anfragen.** (RVerf. Art. 30.) Über eine von einem Abgeordneten an das preußische Staatsministerium gerichtete kleine Anfrage wurde in einer Zeitung berichtet. Das Reichsgericht entschied, daß auf diesen Bericht Art. 30 RVerf. keine Anwendung finde. Frei von Verantwortlichkeit sind nach dieser Vorschrift lediglich wahrheitsgetreue Berichte über die Verhandlungen in den öffentlichen Sitzungen des Reichstags, eines Landtags und ihrer Ausschüsse. Die an das preußische Staatsministerium gerichtete kleine Anfrage hätte diesen Schutz nur dann genossen, wenn sie zum Gegenstand der Verhandlung in einer öffentlichen Sitzung des preußischen Landtags oder eines seiner Ausschüsse gemacht worden wäre. Das traf nicht zu. (II, 25. Oktober 1930.)

Amtl. Sammlg. S. 398—399.

Vgl. Bd. 15 S. 32.

126. **Republikschutzgesetz. Änderung der Gesetzgebung. Mildestes Strafgesetz.** (StGB. § 2; RepSchG. 1927 § 7, 1930 § 5.) In Flugschriften wurde der verstorbene Reichsminister Dr. R. angegriffen. Die Tat fiel unter die Herrschaft des früheren Republikschutzgesetzes. Die entsprechende Bestimmung des neuen Gesetzes ist teils schärfer, teils milder. Eine Verschärfung liegt darin, daß sie auf jeden verstorbenen Reichspräsidenten und alle verstorbenen Mitglieder der Reichsregierung oder einer Landesregierung ausgedehnt ist, gleichviel, ob sie als Regierungsmitglieder oder erst nach dem Ausscheiden aus dem Amt verstorben sind; eine Milderung liegt darin, daß die Beleidigung in bezug auf das Amt geschehen muß. Darnach konnte der Angeklagte nur zur Verantwortung gezogen werden, wenn festzustellen war, daß seine durch die Flugschriften verbreiteten Äußerungen eine

Beschimpfung des angegriffenen Ministers in Beziehung auf sein Amt enthielten. Diese Beziehung ist jedenfalls dann gegeben, wenn behauptet wird, daß das verstorbene Regierungsmitglied sich in der amtlichen Tätigkeit schimpflich verhalten oder durch ein schimpfliches Verhalten außer dem Amte der Achtung, die sein Amt erfordert, unwürdig gezeigt hat. Doch ist Raum auch dafür gegeben, daß die kränkende Kundgebung ein schimpfliches Verhalten, das zeitlich vor der Ernennung zum Regierungsmitglied liegt, in eine Beziehung zum Amt setzt, sei es, indem geltend gemacht wird, daß das Regierungsmitglied ungeachtet oder gerade wegen des vorangegangenen Verhaltens zu dem Amte berufen worden sei, sei es, indem eine Vergleichung des angeblich vor dem Eintritt in das Amt hervorgetretenen schimpflichen Verhaltens mit der amtlichen Wirksamkeit angestellt wird. (II, 27. Oktober 1930.)

Amtl. Sammlg. S. 399—400.

Vgl. Bd. 57 S. 209; Bd. 61 S. 222.

127. Arbeitszeit. Lohnzuschlag für Mehrarbeit. (ArbZVO. §§ 3, 5, 6, 6a, 10, 11; GewO. §§ 137, 138a, 139a, 146, 149.) Der Betriebsleiter einer Schmuckwarenfabrik beschäftigte in dieser vom März bis zum Mai Arbeiterinnen länger als 48 Stunden in der Woche, ohne ihnen für die Mehrarbeit einen Zuschlag zu zahlen. Als Grund hiefür gab er an, die Fabrik habe wegen der schlechten Geschäftslage ihren Betrieb umstellen und sich auf Massenartikel einrichten müssen; hiefür hätten die im Schmuckgewerbe üblichen und durch Tarifvertrag und Lohnabkommen vorgesehenen Löhne nicht bezahlt werden können, ohne die Wirtschaftlichkeit des Betriebs zu gefährden; ebensowenig sei die Einstellung weiterer Arbeitskräfte möglich gewesen; die Arbeiterinnen seien mit der Regelung einverstanden gewesen. Das Schöffengericht sprach ihn frei. Das Reichsgericht verwies die Sache zurück. Die Rechtsauffassung des Schöffengerichts, daß die Nichtgewährung des durch die Arbeitszeitverordnung vorgesehenen Mehrarbeitszuschlags nicht strafbar sei, wurde gebilligt. Durch die Arbeitszeitverordnung sollte einer mißbräuchlichen übermäßigen Heranziehung des Arbeitnehmers zur Arbeit vorgebeugt und der Arbeitnehmer als der wirtschaftlich schwächere Teil dagegen geschützt werden, daß er sich aus dem Zwang seiner Lage heraus oder aus Stumpfheit oder mangelnder Einsicht zu einem ihm schädlichen Übermaß der Arbeitsdauer bereitfinden ließe. Der Erreichung dieses Zweckes dienten die an die Arbeitgeber gerichteten öffentlich-rechtlichen Verbote der Überschreitung bestimmter Arbeitszeiten. Die Zuwiderhandlung gegen diese Vorschriften wurde mit Strafe bedroht. Durch das Arbeitszeitnotgesetz vom 14. April 1927 wurde dann der § 6a eingefügt, der nicht die Zulässigkeit der Mehrarbeit, sondern die Entlohnung der zulässigen Mehrarbeit regelte. Damit wurde in die bürgerlichrechtliche Gestaltung des Arbeitsvertrags eingegriffen und dem Arbeitgeber die Verpflichtung zur Zahlung eines Überstundenzuschlags auferlegt. Zur Verwirklichung des Anspruchs auf den Mehrarbeitszuschlag sind die für alle Lohnansprüche geltenden Bestimmungen über die Lohnsicherung sowie die Klage beim Arbeitsgericht gegeben. Daß aber die Nichterfüllung eines bürgerlich-rechtlichen Anspruchs mit Strafe bedroht wird, ist etwas so Ungewöhnliches, daß ein hierauf gerichteter Wille des Gesetzgebers unzweideutig hätte zum Ausdruck gebracht werden müssen; daraus allein, daß die Strafvorschrift des Gesetzes bei einer rein buchstabenmäßigen Auslegung auch auf den § 6a bezogen werden kann, ist auf einen solchen Willen des Gesetzgebers nicht zu schließen. Die Sache wurde zurückverwiesen zum Zwecke der Prüfung, ob die für Arbeiterinnen geltenden besonderen Vorschriften eingehalten worden waren. Die Feststellungen des Schöffengerichts entbehrten jeder Angabe darüber, zu welcher Tages- oder Nachtzeit und an welchen Tagen der Woche die Mehrarbeit stattgefunden hatte, wie lange die tägliche Beschäftigung der Arbeiterinnen dauerte, welche Pausen ihnen gewährt wurden, ob sie sämtlich über 16 Jahre alt waren, ob sich keine Wöchnerinnen unter ihnen befanden. (I, 8. Juli 1930.) Amtl. Sammlg. S. 401—406.

Vgl. Bd. 55 S. 70; Bd. 60 S. 426.

128. Depotunterschlagung. Zueignung. (DepG. §§ 9, 11, 12.) Der Vorstand einer Genossenschaftsbank ließ Wertpapiere, die dieser in Verwahrung gegeben waren, namens der Genossenschaft veräußern und den Erlös der Genossenschaft gutschreiben. Er wurde wegen eines Verbrechens gegen § 12 Abs. 2 Nr. 2 DepG. verurteilt. Das Reichsgericht hob das Urteil auf. Der Tatbestand dieser Vorschrift hat zur Voraussetzung, daß der Täter die fremden Wertpapiere sich rechtswidrig zugeeignet hat. Der Begriff der Zueignung durch Diebstahl oder Unterschlagung wird nicht erfüllt, wenn der Täter über die fremde Sache nicht in eigenem Namen und zu eigenem Nutzen, sondern namens und in Vertretung eines Dritten und zu dessen Nutzen verfügt, weil er dann nicht mit der Absicht handelt, die Sache sich zuzueignen, sie als eigene, ihm gehörige, zu verwerten und für sich wirtschaftlich auszunutzen. Dagegen wurde durch das Verhalten des Angeklagten der Tatbestand eines Vergehens nach § 12 Abs. 1 in Verbindung mit § 9 DepG. erfüllt. In § 9 wird ein Kaufmann mit Strafe bedroht, der über die ihm zur Verwahrung oder als Pfand übergebenen Wertpapiere zu eigenem Nutzen oder zum Nutzen eines Dritten rechtswidrig verfügt. Durch § 12 wird diese Vorschrift auf die Mitglieder des Vorstandes von Gesellschaften oder Genossenschaften ausgedehnt. Ein Zweifel darüber, daß die Genossenschaft im Sinne dieser Vorschrift als Dritter angesehen werden konnte, besteht nicht. (II, 23. Oktober 1930.)

Amtl. Sammlg. S. 406—409.
Vgl. Bd. 57 S. 166; Bd. 62 S. 15.

129. Kosmetische Mittel. Heilmittel. (FarbG. §§ 3, 12.) Ein Apotheker stellte eine Sommersprossensalbe her, die Quecksilber enthielt und vertrieb sie im Großhandel. Er wurde von der Anklage eines Vergehens gegen das Farbengesetz freigesprochen mit der Begründung, daß die Salbe kein kosmetisches Mittel, sondern ein Heilmittel sei. Das Reichsgericht verwies die Sache zurück. Zur Herstellung kosmetischer Mittel darf Quecksilber nicht verwendet werden. Zu den kosmetischen Mitteln gehören auch Mittel, die zur Reinigung, Pflege oder Färbung der Haut bestimmt sind. Im Gegensatz dazu sind als Heilmittel die Mittel zur Beseitigung oder Linderung von Krankheiten bei Menschen oder Tieren anzusehen. Entscheidend ist nicht die Geeignetheit, sondern der bestimmungsgemäße regelmäßige Zweck des Mittels. Nicht ausgeschlossen ist deshalb, daß ein kosmetisches Mittel auch gelegentlich als Heilmittel Verwendung finden kann und umgekehrt. Enthalten kosmetische Mittel Stoffe, die in den Apotheken ohne Anweisung eines Arztes, Zahnarztes oder Tierarztes nicht abgegeben werden dürfen, so unterliegen sie, soweit sie als Heilmittel feilgehalten oder verkauft werden, dem Apothekenzwang. Enthalten sie Stoffe, die sie nach dem Farbengesetz nicht enthalten dürfen, so ist schon ihre Herstellung verboten und ihre Feilhaltung ist in den Apotheken wie außerhalb der Apotheken in gleicher Weise unzulässig. Ob der bestimmungsgemäße Zweck der vom Angeklagten hergestellten Salbe ihre Verwendung als Heilmittel oder als kosmetisches Mittel war, hing nicht sowohl von der theoretischen Meinung der medizinischen Wissenschaft als vielmehr von der Volksanschauung und Verkehrsauffassung ab. Es kam nicht so sehr darauf an, ob Sommersprossen in besonderen Fällen einen solchen Grad erreichen können, daß die ärztliche Wissenschaft sie als Krankheit betrachtet, sondern vor allem darauf, ob nach der allgemeinen Verkehrsanschauung eine Zubereitung, die Sommersprossen beseitigen soll, als ein kosmetisches Mittel, ein Mittel zur Reinigung oder Pflege der Haut, betrachtet wird. Diesen Rechtsgrundsatz hatte das Berufungsgericht verkannt, indem es die Eigenschaft der Salbe als kosmetisches Mittel deshalb verneinte, weil Sommersprossen in allen medizinischen Lehrbüchern unter Hautkrankheiten behandelt werden. Auch die Hilfserwägung des Berufungsgerichts, daß die Salbe auch dann, wenn Sommersprossen nur als Schönheitsfehler angesehen wurden, doch nicht zur Reinigung, sondern zur Beseitigung eines abnormen Zustandes der Haut bestimmt war, wurde nicht als zutreffend anerkannt. Sind Sommersprossen keine Krankheit, so kann die zu ihrer Beseitigung bestimmte Salbe auch kein Heilmittel sein. (II, 23. Oktober 1930.) Amtl. Sammlg. S. 409—413.

130. Gesamtstrafe. (StGB. § 79; StPO. §§ 354, 460.) Bei der Fällung eines schwurgerichtlichen Urteils ergab sich, daß der Angeklagte einige Zeit vorher zu einer Gefängnisstrafe verurteilt worden war, die an sich mit der neu auszusprechenden Strafe zu einer Gesamtstrafe verbunden werden sollte; doch konnte nicht sofort ermittelt werden, ob die Gefängnisstrafe schon vollstreckt war. Das Schwurgericht sah deshalb von der Bildung einer Gesamtstrafe ab und überließ diese einem nachfolgenden Beschlußverfahren. Das führte zur Aufhebung des Urteils. Der Umstand, daß der Zweifel hinsichtlich der Vollstreckung der früheren Strafe nicht im Augenblick gelöst werden konnte, durfte das Recht des Angeklagten auf den Anspruch einer Gesamtstrafe nicht beeinträchtigen. Von einer Zurückverweisung wurde abgesehen; vielmehr bildete das Reichsgericht selbst die Gesamtstrafe. (I, 24. Oktober 1930.)
Amtl. Sammlg. S. 413—414.

131. Amtsunterschlagung. (StGB. § 350.) Einem Geldbriefträger kam ein Betrag von 86 Reichsmark, den er auf eine Nachnahmekarte eingehoben hatte, abhanden. Er meldete den Verlust der Postbehörde nicht, behielt vielmehr die Nachnahmekarte bis zum nächsten Tag zurück und brachte sie dann mit Geld, das er auf eine andere Nachnahmekarte eingehoben hatte, zur Ablieferung. So verfuhr er mehrere Monate, bis es ihm gelungen war, den Fehlbetrag ganz aus eigener Tasche zu ersetzen. Das Berufungsgericht sprach ihn von der Anklage einer Amtsunterschlagung frei, weil er nicht über fremdes Geld zu seinen Gunsten verfügt habe. Das Reichsgericht verwies die Sache zurück. Unterschlagung erfordert allerdings Zueignung; sie setzt also voraus, daß der Täter die fremde Sache seinem Vermögen einverleibt. Das tut er, wenn er wie ein Eigentümer endgültig über die Sache verfügt. Eine solche Verfügung liegt vor, wenn er die Deckung eines Verlustes aus dem eigenen Vermögen beabsichtigt und zu diesem Zweck aus Mangel an zureichenden eigenen Mitteln bis zu deren Beschaffung amtliche Gelder verwendet, weil das begrifflich die Absicht voraussetzt, die fremden Gelder wirtschaftlich für sich zu verwenden und ihren Sachwert dem eigenen Vermögen zuzuführen. Auf den Beweggrund kommt es dabei nicht entscheidend an. Maßgebend ist allein, ob der Angeklagte die Leistung aus seinem Vermögen machen wollte und zu diesem Zweck die fremden Gelder sich zueignete. Ob eine Ersatzpflicht bestand oder ob der Angeklagte eine solche nur irrigerweise annahm, machte nichts aus. (III, 27. Oktober 1930.) Amtl. Sammlg. S. 414—416.

Vgl. Bd. 3 S. 10; Bd. 61 S. 228; Bd. 62 S. 173.

132. Fahrlässige Tötung. Berufspflicht. (StGB. § 222.) Der Kraftwagenführer eines Elektrizitätswerks besaß ein Motorrad, das er für die tägliche Fahrt zu seiner Arbeitsstätte benutzte. Auf einer solchen Fahrt überfuhr er eine Frau und verletzte sie tödlich. Er wurde wegen fahrlässiger Tötung unter Verletzung seiner Berufspflicht verurteilt. Das Reichsgericht verwies die Sache zurück. Der Beklagte war bei dem Unfall nicht in Ausübung seines Berufs tätig gewesen. An die Umsicht und Sorgfalt eines Beruftreibenden werden erhöhte Anforderungen gestellt, weil ihm innerhalb des Kreises seiner Berufshandlungen ein größeres Maß von Kenntnis, Erfahrung und Geschicklichkeit und deshalb auch die höhere Fähigkeit zur Vermeidung schädlicher Folgen zugetraut wird. Die Frage, wie weit im Einzelfall der Kreis der Berufsausübung und damit die vom Gesetz unterstellte besondere Kenntnis, Erfahrung und Geschicklichkeit reichen, die jene erhöhte Sorgfaltspflicht begründen, liegt im wesentlichen auf tatsächlichen Gebiet. Entscheidend ist dabei unter Berücksichtigung der allgemeinen Verkehrsanschauung der Gegenstand und Inhalt der berufsmäßigen Betätigung ohne Rücksicht auf die gesetzliche Befugnis oder die persönliche Eignung des Täters dazu. Bei der Prüfung, ob die berufsmäßige Lenkung eines Kraftwagens eine besondere Kenntnis, Erfahrung und Geschicklichkeit für die Lenkung eines Kraftrads verleiht, ist deshalb der in der Erlangung des Führerscheins liegende behördliche und tatsächliche Befähigungsnachweis strafrechtlich ohne

Bedeutung. Der Führerschein für die Führung eines Kraftwagens gibt auch nicht die Erlaubnis zur Führung eines Kraftrades. Das läßt sich als Beweisanzeichen dafür deuten, daß nach der Auffassung des täglichen Lebens der Beruf des Kraftwagenführers sich mit dem des Kraftradfahrers nicht ohne weiteres deckt und daß daher jenem nicht schon kraft Gesetzes die zum Kraftradfahrer erforderlichen Kenntnisse, Erfahrung und Geschicklichkeit beizulegen ist. (III, 3. November 1930.)

Amtl. Sammlg. S. 416—417.

Vgl. Bd. 36 S. 405; Bd. 59 S. 269; Bd. 60 S. 109; Bd. 61 S. 299; Bd. 62 S. 122; Bd. 64 S. 430.

133. Offenbarungseid. Sicherungsabtretung. (StGB. § 153.) R. stand eine Forderung gegen M. zu. Zu deren Sicherung trat ihm M. eine Forderung ab, die er gegenüber dem Reichsentschädigungsamt hatte; dabei wurde vereinbart, daß dem Amt die Abtretung nicht mitgeteilt werden sollte, daß vielmehr ihm gegenüber nach wie vor M. als Gläubiger auftreten sollte. Als R. in einem Vollstreckungsverfahren den Offenbarungseid zu leisten hatte, gab er die ihm abgetretene Forderung des M. nicht an. Er wurde wegen Meineids verurteilt. Seine Revision hatte keinen Erfolg. Ebenso wie die Sicherungsübereignung ist die Sicherungsabtretung eine Art der treuhänderischen Übertragung eines Vermögensgegenstandes. Die schuldrechtliche Treupflicht, die dem Erwerber des Gegenstandes aus der Sicherungsübereignung erwächst, besteht vornehmlich darin, daß er über ihn während der Dauer des Treuverhältnisses nur auftragsgemäß, zu dem vereinbarten Sicherungszweck, verfügen darf und daß er nach dem Wegfall des Sicherungszweckes zur Rückübertragung des Gegenstandes verpflichtet ist. Infolgedessen hat die Sicherungsübereignung oder Sicherungsabtretung wirtschaftlich und im Innenverhältnis zwischen dem Treugeber und Treuhänder im wesentlichen nur die Bedeutung und Wirkung einer Pfandbestellung; rechtlich ist aber das Sicherungseigentum Volleigentum und ist auch die Sicherungsabtretung als Vollabtretung anzusehen. Die Forderung geht von dem Sicherheitgeber auf den Sicherheitnehmer über; er allein ist von nun an Gläubiger. Dem bisherigen Gläubiger steht der schuldrechtliche Anspruch auf Rückübertragung dessen zu, was von der abgetretenen Forderung nach Befriedigung des Sicherheitnehmers übrig bleibt. Die Forderung unterliegt nicht mehr einer gegen den bisherigen Gläubiger betriebenen Zwangsvollstreckung; würde sie gepfändet, so könnte der neue Gläubiger sich mit

Grund darauf berufen, daß nunmehr er der Inhaber der Forderung sei. Hiernach gehört ein zur Sicherheit übertragener Gegenstand grundsätzlich zu dem der Zwangsvollstreckung unterliegenden Vermögen des Sicherheitsempfängers und muß von diesem bei der Leistung des Offenbarungseides angegeben werden. Dieser Auffassung steht auch die besondere Behandlung solcher Gegenstände im Konkurs nicht entgegen. Im Konkurs des Sicherheitnehmers steht dem Sicherheitgeber ein Aussonderungsrecht zu; umgekehrt wird im Konkurs des Sicherheitgebers dem Sicherheitsnehmer kein Aussonderungsrecht, sondern nur ein Recht auf abgesonderte Befriedigung zugestanden. Das ergibt sich aber aus der Eigenart des Konkurses, der zu einer sofortigen Lösung nicht nur des sachenrechtlichen Verhältnisses, sondern auch des der Sicherungsübereignung zugrundeliegenden persönlichen Treuhandverhältnisses nötigt. Außerhalb des Konkurses ist der Sicherheitsnehmer nicht gehindert, sein Eigentum voll geltend zu machen, insbesondere es im Falle einer Zwangsvollstreckung gegen den Sicherheitgeber als ein die Veräußerung hinderndes Recht zu verfolgen. Der Sicherheitgeber kann zwar im Fall einer Zwangsvollstreckung gegen den Sicherheitnehmer ebenfalls Widerspruchsklage erheben, aber mit ihr einer Zwangsvollstreckung in den Sicherheitsgegenstand doch nur so weit entgegentreten, als ihm eine Beeinträchtigung der Rechte droht, die ihm in bezug auf den Sicherheitsgegenstand verblieben sind. Sein Widerspruch gegen die Veräußerung muß demnach erfolglos bleiben, wenn nach dem gesicherten Schuldverhältnis der Sicherheitnehmer zu einer solchen berechtigt ist. (II, 29. September 1930.). Amtl. Sammlg. S. 417—422. Vgl. Bd. 61 S. 407; RGZ. Bd. 76 S. 345; Bd. 91 S. 12, 280; Bd. 94 S. 24, 317; Bd. 99 S. 142; Bd. 102 S. 385; Bd. 116 S. 330; Bd. 118 S. 209; Bd. 123 S. 378; Bd. 124 S. 73.

134. Aktiengesellschaft. Wissentliche Täuschung. Betrug. Mittelbare Täterschaft. (HGB. §§ 246, 260, 313, 314; StGB. § 263.) In den Geschäftsbericht einer Aktiengesellschaft wurden unrichtige Angaben aufgenommen, um den Aufsichtsrat zu täuschen und zur Unterstützung der vom Vorstand betriebenen Erhöhung des Grundkapitals zu bestimmen. Dieser Tatbestand rechtfertigte die Verurteilung der Vorstandsmitglieder. Es ergab sich aus ihm nicht nur ein vorsätzliches Handeln, sondern darüber hinaus die beabsichtigte Irreführung der Kreise, für die der Geschäftsbericht bestimmt war. Zudem genügte es, wenn die Handlung vorsätzlich begangen wurde; unter wissentlich im Sinne des § 314 HGB. ist nichts anderes als vorsätzlich zu verstehen. Das Erfordernis einer bestimmten, auf die Täuschung dritter Personen als Erfolg der Handlung gerichteten Absicht ist abzulehnen. Ganz unbegründet ist die Annahme, daß immer nur eine Täuschung der Aktionäre in Betracht gezogen werden könne; die Vorschrift dient nicht nur dem Schutz der Aktionäre, sondern aller Personen, die zu der Gesellschaft in einer rechtlichen Beziehung stehen oder in solche Beziehung treten wollen. Die Angeklagten hatten auch durch gutgläubige Mittelspersonen den Banken, mit denen sie in Verkehr standen, unrichtige Angaben machen lassen und sie dadurch zu Verfügungen bewogen, die für die Banken schädlich wurden. Das erfüllte den Tatbestand des mittelbar begangenen Betrugs. Mittelbarer Täter ist, wer vorsätzlich veranlaßt, daß eine strafbare Handlung durch einen anderen zur Ausführung gelangt, der seinerseits nicht zurechnungsfähig ist oder schuldlos oder zwar schuldhaft, aber nicht mit Täter-, sondern mit Gehilfenvorsatz handelt. Eine Einschränkung in dem Sinne, daß als mittelbarer Täter nur zur Verantwortung gezogen werden könnte, wer sich der Körperkraft eines anderen zur Vornahme einer Handlung bedient, nicht aber, wer einen anderen mit der Vertretung im Willen zum Abschluß eines Rechtsgeschäfts betraut, ist innerlich unbegründet und würde ein unerträgliches Ergebnis haben. (II, 30. Oktober 1930.) Amtl. Sammlg. S. 422—426. Vgl. Bd. 14 S. 80; Bd. 38 S. 195; Bd. 41 S. 293; Bd. 43 S. 407; Bd. 45 S. 210; Bd. 49 S. 358; Bd. 62 S. 357, 369.

135. Steuerstrafbescheid. Ausfertigung. Anfechtungsfrist. (RAbgO. §§ 394, 412, 415). Ein Strafbescheid eines Finanzamtes war am 11. Februar 1928 in Reinschrift und am 14. Februar 1928 in Abschrift zugestellt worden, da in der Zwischenzeit Zweifel über die Vollständigkeit der Reinschrift entstanden waren. Am 18. Februar 1928 wurde Antrag auf richterliche Entscheidung gestellt. Das Schöffengericht stellte das Verfahren ein, da eine wirksame Zustellung des Strafbescheides nicht vorliege, weil keine Ausfertigungen, sondern Abschriften des Strafbescheides zugestellt worden seien. Das Berufungsgericht verwies die Sache zurück; die hiegegen eingelegte Revision blieb erfolglos. Als Ausfertigung einer entscheidenden Verfügung kann auch im Geltungsbereich der Reichsabgabenordnung nur eine sich auch auf die Unterschrift der Urschrift erstreckende Abschrift angesehen werden, die von einem mit der Wahrnehmung solcher Beurkundungen betrauten Beamten in beglaubigender Form ausgefertigt und damit als wortgetreue Abschrift der von dem zuständigen Beamten erlassenen und unterschriebenen Entscheidung gekennzeichnet ist. Abgesehen davon kann der Beschwerdeführer den Antrag auf gerichtliche Entscheidung schon dann stellen, wenn er von dem erlassenen Strafbescheid — wenn auch vielleicht nicht im Wege ordnungsmäßiger Zustellung — Kenntnis erlangt hat. Es ist im Bereich der Strafprozeßordnung anerkannten Rechts, daß die Einlegung von Rechtsmitteln schon von dem Erlaß der Entscheidung an und vor Beginn der Rechtsmittelnotfrist zulässig ist. Die Reichsabgabenordnung wollte für das Steuerstrafverfahren — auf das die Bestimmungen der Strafprozeßordnung Anwendung finden, soweit nichts abweichendes bestimmt ist — keine strengeren Formvorschriften geben. Sie verwehrt dem Beschwerdeführer nicht, den Antrag auf gerichtliche Entscheidung gegenüber dem erlassenen und ihm bekannten Strafbescheid schon vor dessen förmlichen Bekanntmachung zu stellen. Abgeschlossen und erlassen ist der Strafbescheid mit der Unterzeichnung durch den zum Erlaß zuständigen Beamten. Das Schöffengericht hätte daher, nachdem das gerichtliche Verfahren durch den Antrag auf gerichtliche Entscheidung bereits in Gang gekommen war, selbst entscheiden müssen. Das gilt auch dann, wenn bei der Bekanntmachung des Strafbescheides gegen die Formvorschrift der Reichsabgabenordnung verstoßen sein sollte; eine Aussetzung des durch den nicht verspäteten Antrag anhängig gewordenen Verfahrens zur Nachholung vorschriftsmäßiger Bekanntmachung kam nicht in Frage (II., 3. November 1930). Amtl. Sammlg. S. 426—430. Vgl. Bd. 3 S. 408; Bd. 7 S. 364; Bd. 9 S. 421; Bd. 56 S. 40; Bd. 60 S. 406; Bd. 63 S. 15, 17 ff.

136. Fahrlässigkeit. Berufspflicht. Arzt. (StGB. § 230.) Ein Arzt, der den von ihm geführten Kraftwagen zu seinen Krankenbesuchen benutzte, überfuhr ein Kind und verletzte es. Er wurde wegen erschwerter fahrlässiger Körperverletzung verurteilt. Seine Revision hatte keinen Erfolg. Die Vorschrift des § 230 Abs. 2 StGB. beruht auf der Auffassung, daß Beruf und Gewerbe eine gewisse Erfahrung und Übung, damit aber auch eine bessere Einsicht in die mit der Berufs- oder Gewerbeausübung für andere verbundene Gefahr mit sich bringen und deshalb auch eine besondere Pflicht zur Aufmerksamkeit begründen. Daß dieses Maß von Erfahrung im Einzelfall wirklich vorhanden ist, wird nicht erfordert; vielmehr muß der, der sich in einem

Gewerbe oder Beruf betätigt, für die dazu erforderliche Kenntnis, Erfahrung und Umsicht einstehen. Ebenso wird nicht erfordert, daß die in Betracht kommende Tätigkeit die hauptsächliche im Rahmen der Gesamtberufsausübung ist; es genügen auch Hilfs- und Nebenverrichtungen, da auch solche einen Teil der Berufsausübung bilden und die Erlangung einer gewissen Einsicht und Sachkunde vermitteln. So ist schon entschieden worden, daß der Kaufmann, der sein Motorrad, wenn auch nicht ständig, so doch öfter zu Geschäftszwecken, nämlich zum Besuch von Kunden, benutzt, zu der im § 230 Abs. 2 StGB. erforderten Aufmerksamkeit verpflichtet ist. Das gleiche muß gelten, wenn ein Arzt den von ihm geführten Kraftwagen zum Besuch seiner Kranken benützt. Ob er gerade die in Betracht kommende Fahrt zur Berufsausübung unternommen hat, ist gleichgültig, ebenso, ob er einen Führerschein hat oder nicht. (III, 6. November 1930.)
Amtl. Sammlg. S. 430—432.

Vgl. Bd. 36 S. 405; Bd. 59 S. 269; Bd. 60 S. 109; Bd. 61 S. 299; Bd. 62 S. 122; Bd. 64 S. 416.

137. Beweisantrag. Beweisanregung. Beweiswürdigung. (StGB. §§ 155, 244, 338.) Eine Beschlußfassung über eine Beweiserhebung ist nur nötig, wenn für den Angeklagten ein Antrag gestellt worden ist, der sich dahin richtet, daß Beweis über eine bestimmte Tatsache durch Benutzung eines bestimmten Beweismittels erhoben wird. Gibt dagegen ein von dem Angeklagten vorgebrachtes Begehren zu erkennen, daß dieser nicht in der Lage ist, mit der Behauptung einer bestimmten Tatsache, die er weiß oder vermutet oder doch für möglich hält, hervorzutreten, daß er vielmehr nur darauf ausgeht, die nachforschende Tätigkeit des Gerichts in irgendeine Richtung zu lenken, weil er erwartet, das Ergebnis der Nachforschung werde ihm Gelegenheit geben, eine Tatsache, die jetzt noch außerhalb des Kreises seiner Vorstellung liegt, zu seiner Verteidigung zu behaupten, so ist nicht ein Beweisantrag, sondern nur eine Anregung gegeben, die keine Verbescheidung erfordert. Liegt aber ein Beweisantrag vor, so sind als Gründe, die seine Ablehnung zu rechtfertigen vermögen, vornehmlich die Wahr-Unterstellung und die Unerheblichkeit in Betracht zu ziehen. Die Wahr-Unterstellung ist zulässig und angebracht, wenn die Tatsache, für die Beweis angeboten wird, eine Bedeutung für die zu treffende Entscheidung hat, wenn es jedoch einer Beweiserhebung um deswillen nicht bedarf, weil das Gericht dem Vorbringen des Angeklagten ohne weiteres Glauben beimißt und davon absehen kann und will, eine dem Angeklagten nachteilige Schlußfolgerung aus dem Gegenteil der behaupteten Tatsache herzuleiten. Dagegen stellt sich eine Tatsache als unerheblich dar, wenn ein Zusammenhang zwischen ihr und dem abzuurteilenden Ereignis überhaupt nicht erkennbar ist oder wenn sie ungeachtet eines solchen Zusammenhanges ungeeignet erscheint, die zu treffende Entscheidung zu beeinflussen. (II, 6. November 1930.)

Amtl. Sammlg. S. 432—433.

Vgl. Bd. 54 S. 239; Bd. 61 S. 359.

138. Betrug. Vermögensvorteil. Vermögensverfügung. Unterschrifterschleichung. (StGB. § 263.) Nach Erlassung eines Räumungsurteils traf der Mieter mit der Vermieterin eine Vereinbarung, daß er weiter wohnen bleiben dürfe, bis er eine andere Wohnung gefunden haben würde. Da mehrere Wochen über der Sache vergingen, wurde die Vollstreckung weiterbetrieben. Der Mieter legte nun der Vermieterin eine Erklärung zur Unterschrift vor, wonach sie ihm das weitere Bleiben gestattete; er täuschte sie dabei über den Inhalt der Erklärung, indem er ihr vorspiegelte, es handle sich nur um eine Quittung über den Empfang des Mietzinses. Die Erklärung legte er dem Gericht vor und erzielte dadurch eine vorläufige Einstellung der Vollstreckung. Das Berufungsgericht verurteilte ihn wegen versuchten Betrugs, indem es annahm, daß das Vollstreckungsgericht zur Einstellung der Vollstreckung nicht durch den unwahren Teil der Erklärung bestimmt worden sei. Das Reichsgericht sprach ihn frei. Soweit die Absicht des Angeklagten darauf gerichtet war, ein Urteil des Inhalts zu erwirken, daß die Vollstreckung aus dem Räumungsurteil unzulässig sei, war der erstrebte Vermögensvorteil nicht rechtswidrig, da der Anspruch des Angeklagten wirklich bestand. Das galt auch für die vorläufige Einstellung der Vollstreckung. Das Berufungsgericht hatte eine betrügerische Absicht darin gefunden, daß der Angeklagte, dessen Anspruch auf Wohnenbleiben kaum beweisbar und deshalb fast wertlos war, durch Benutzung falscher Beweismittel die Aussicht auf Obsiegen im Prozeß vergrößern und damit den Wert seiner Forderung erhöhen wollte. Diese Begründung erklärte das Reichsgericht für nicht haltbar. Der vom Berufungsgericht angenommene Vermögensvorteil wäre schon mit der Vorlegung des falschen Beweismittels, also mit der Vorspiegelung, erreicht worden. Zum Tatbestand des Betrugs gehört aber, daß das Streben des Täters dahin geht, durch eine Vermögensverfügung des Getäuschten einen Vermögensvorteil zu erlangen.

Diese Vermögensverfügung bestand im gegebenen Fall im Erlaß des Einstellungsbeschlusses und eines dem Angeklagten günstigen Urteils; der auf solche Weise angestrebte Vermögensvorteil, die Gestattung des Verbleibens in der Wohnung, war aber nicht rechtswidrig. Allerdings hatte der Angeklagte durch Täuschung seiner Vermieterin diese zur Unterzeichnung der Erklärung und damit zu einer Vermögensverfügung veranlaßt, die ihm einen Vorteil verschaffte; aber durch diese Handlung hatte er die Vermieterin nicht in ihrem Vermögen geschädigt, da sie ihm ja das Verbleiben in der Wohnung zugesichert hatte. (II, 7. Oktober 1930.) Amtl. Sammlg. S. 433—436.

Gesetzesregister.

Seitenzahlen der amtlichen Sammlung.

1 1—2; **2** 2—4; **3** 4—5; **4** 6—9; **5** 10—14; **6** 14—15; **7** 15—16; **8** 16—17; **9** 17—21; **10** 21—23; **11** 23—25; **12** 25—27; **13** 28—29; **14** 30—33; **15** 33—41; **16** 42—43; **17** 43—48; **18** 48—50; **19** 50—52; **20** 52—55; **21** 55—57; **22** 57—60; **23** 60—63; **24** 63—66; **25** 66—72; **26** 72—74; **27** 74—76; **28** 76—77; **29** 77—78; **30** 78—80; **31** 81—85; **32** 86—88; **33** 88—90; **34** 91—95; **35** 95—97; **36** 97—101; **37** 101—104; **38** 104—106; **39** 106—108; **40** 108—110; **41** 110—113; **42** 113—121; **43** 121—130; **44** 130—132; **45** 133—134; **46** 134—136; **47** 136—138; **48** 138—141; **49** 142—143; **50** 143—144; **51** 145; **52** 146—148; **53** 148—151; **54** 151—154; **55** 154—158; **56** 158—160; **57** 160—163; **58** 164—167; **59** 167—169; **60** 169—171; **61** 171—176; **62** 176—178; **63** 179—181; **64** 181—182; **65** 183—193; **66** 193—201; **67** 201—202; **68** 203—206; **69** 207—208; **70** 209—210; **71** 210—214; **72** 214—215; **73** 215—219; **74** 219—222; **75** 222; **76** 223—225; **77** 226—229; **78** 229—239; **79** 239—247; **80** 247—248; **81** 249; **82** 250—253; **83** 253—259; **84** 259—260; **85** 260—262; **86** 262—263; **87** 263—272; **88** 272; **89** 273—280; **90** 280—281; **91** 281—284; **92** 284—288; **93** 288—290; **94** 291—292; **95** 292—293; **96** 293—296; **97** 296—298; **98** 298—308; **99** 308—309; **100** 309—311; **101** 311—312; **102** 313—316; **103** 316—321; **104** 321—326; **105** 326—327; **106** 328—336; **107** 337—339; **108** 339—342; **109** 342—348; **110** 348—349; **111** 349—355; **112** 355—361; **113** 361—362; **114** 362—364; **115** 364—366; **116** 366—370; **117** 370—374; **118** 374—376; **119** 377—379; **120** 379—385; **121** 385—388; **122** 388—392; **123** 392—394; **124** 394—398; **125** 398—399; **126** 399—400; **127** 401—406; **128** 406—409; **129** 409—413; **130** 413—414; **131** 414—416; **132** 416—417; **133** 417—422; **134** 422—426; **135** 426—430; **136** 430—432; **137** 432—433; **138** 433—436.

Sachregister.

Kolibri 360 GmbH
Ferdinand-Jühlke-Straße 7
99095 Erfurt, Deutschland
produktsicherheit@kolibri360.de